NUNCA ANTES NA HISTÓRIA DESTE PAÍS

MARCELO TAS

ILUSTRAÇÕES

RICARDO GIMENES

4ª impressão

PANDA BOOKS

Este livro segue as normas do novo ACORDO ORTOGRÁFICO

www.nuncaantes.com.br

Diretor editorial
Marcelo Duarte

Coordenadora editorial
Tatiana Fulas

Assistente editorial
Vanessa Sayuri Sawada

Assistente de arte
Fernanda Pedroni

Estagiária
Juliana Paula de Souza

Projeto gráfico e diagramação
Ricardo Gimenes

Colaboração
André Rodrigues
Carolina Salvatore
Alexandre Aragão

Revisão
Telma Baeza G. Dias
Ana Maria Barbosa

Impressão
RR Donnelley

CIP – BRASIL. CATALOGAÇÃO NA FONTE
SINDICATO NACIONAL DOS EDITORES DE LIVROS, RJ

T199n

Tas, Marcelo

Nunca antes na história deste país – As frases mais engraçadas e polêmicas do presidente Lula / Marcelo Tas. – São Paulo: Panda Books, 2009.

168 pp.

ISBN: 987-85-7888-031-6

1. Silva, Luiz Inácio Lula da, 1945 – Citações, máximas etc.

2. Brasil – Política e governo.

09-4087. CDD: 320.981
CDU: 32(81)

2010

Panda Books
Um selo da Editora Original Ltda.
Rua Henrique Schaumann, 286, cj. 41
05413-010 – São Paulo – SP
Tel./Fax: (11) 2628-1323
edoriginal@pandabooks.com.br
www.pandabooks.com.br

Para Geralda, minha avó, que me ensinou, sem usar
uma única frase, a importância do afeto.

Agradecimentos

A Julius Wiedemann, editor da Taschen Books, que me ofereceu generosamente sua vasta experiência na produção de livros e em consolar autores sem rumo. Como se isso fosse pouco, ainda apresentou-me a Ricardo Gimenes, precioso ilustrador deste volume. Com ambos tive o privilégio de aprender a cuidar da gestação virtual de um livro (um vive na Europa, o outro em Bragança Paulista, SP).

A Marcelo Duarte, editor da Panda Books, que foi corajoso em lançar a ideia e me confiar, autor estreante, a tarefa. Juntamente com sua fiel escudeira, a rigorosa e suave Tatiana Fulas, que teve ainda tolerância com meus atrasos e entusiasmo em prolongar a tarefa de coletar as frases do "cumpanhero".

A André Rodrigues, autor e roteirista de TV, que teve participação inestimável na sugestão de textos, temas e seleção de frases, além de presença constante como leitor crítico e criativo.

A Elisabetta Zenatti, Diego Barredo e Juan Buezas, respectivamente diretora artística da Rede Bandeirantes, gerente de conteúdo da Cuatro Cabezas e diretor do CQC – Custe o Que Custar, que me deram suporte para equilibrar a tarefa do livro com a de conduzir o CQC, programa onde mais me diverti até hoje na TV brasileira. E olha que os três, tecnicamente, nem têm a ver com essa história: ela é italiana e os outros dois são argentinos ;-).

Às centenas de pessoas que, através do Yahoo Groups, Twitter e do Blog do Tas, contribuíram com sugestões de frases e críticas a textos que eu postei para testar o livro.

Ao Caio Guatelli, autor da foto da contracapa.

Ao Zé Simão, o macaco multimídia, autor do prefácio.

A meus pais, irmão, sobrinhos e a toda grande família, que ofereceram compreensão e apoio diante do meu sumiço.

A Bel Kowarick, minha mulher; Luiza, Miguel e Clarice, meus filhos, que foram provedores de afeto ilimitado.

A cada um de vocês, a minha eterna gratidão.

"Um dia vão ganhar dinheiro pela quantidade de discursos que eu faço todos os dias. Eu ficaria milionário."

8/7/2004, discursando de improviso na Bolívia.

Deus te ouça, "cumpanhero"!

Sumário

Prefácio 8

Introdução 10

Lula Advogado 12

Lula Animal Político 38

Lula Comediante Stand-up 52

Lula Economista 66

Lula Filósofo 88

Lula Marqueteiro 98

Lula Metamorfose Ambulante 112

Lula Ser Humano 128

Lula Técnico de Futebol 138

Lula Turista 154

Referências bibliográficas 166

O autor e o ilustrador 167

Prefácio

O Lula é zeroglota! Nunca antes na história deste país eu dei tanta risada. Com os *pobrema* do *pranalto* com a concordância. O Lula concorda com todo mundo, menos com a língua portuguesa. E quando o Tas me convidou pra escrever o prefácio do livro, eu perguntei: "Contra ou a favor?". Ele respondeu: "A favor do contra". OBA! Não existe humor a favor. Duas coisas que nunca deram certo: humor a favor e biografia autorizada.

O capítulo do livro que eu mais gosto é o do Lula Turista. O Lula não é mais viciado em viagem, é DEPENDENTE QUÍMICO. Quando ele chegou à Arábia Saudita e viu aquele monte de *sheik*: "Desculpe, eu não sabia que a festa era à fantasia". E ainda levantou um brinde. Num país muçulmano. Ele não sabe que o Proálcool não emplacou no islã. E essa: "Minha viagem à Síria foi muito frutífera: começou em Damasco". E ainda completou: "Eu queria ser um camelo, pra ter dois buchos, um pro churrasco e outro pra cachaça". Depois foi pra Índia abraçar o *indoismo*; está sempre *indo* pra algum lugar. E sabe o que ele falou quando viu o estádio Ninho de Pássaro, em Pequim?: "Olha, inauguraram inacabado, ainda com os andaimes". Frases que não estão no livro! Hahaha!

E o Brasil é lúdico. E o Lula é zeroglota! O FHC era poliglota, o Itamar, monoglota, e o Lula, zeroglota. Não fala língua nenhuma. Aliás, minto, ele fala quatro: o lulês, o churrasquês, o futebolês e o butequês! O LULA É TETRALÍNGUE! UEBA!

O Tas esqueceu do capítulo Lula Matemático: "Quanto é 51 dividido por dois? Meio litro pra cada um". É o butequês! "O Brasil é o miolo da picanha", churrasquês. Aliás, diz que o computador do Lula é a churrasqueira. E o churrasqueiro do Planalto tem *status* de primeiro-ministro: "O Pallofi tem que ser como o Ronaldinho Gaúcho, pegar pela esquerda e papapapa". É o futebolês.

E os discursos? Ele não tá mais falando de improviso, ele tá pensando de improviso! A língua presa mais solta do mundo. Por isso que a dona Marisa é muda. Aliás, eu acho que a dona Marisa não é muda, é ATÔNITA! A dona Marisa é muda porque engole todos os "esses" que o marido joga fora. O Lula é um presidente singular, não fala um "esse". Plural Zero. PRURAL ZERO! Eu acho que o Lula aprendeu a falar com os paulistas: "As mina vêm de bicicleta?!". Dizem que num discurso o assessor gritou: "Emprega o plural, emprega o plural". E o Lula: "Prometo empregar todos os plural". OS PLURAL! Nunca mais neste país vai se falar os "esses".

Lula não para de falar. Menino, como ele fala. Parece que engoliu um iPod. O iPod do Zeca Pagodinho! Enfim, o Lula fala errado, mas se comunica bem. No Brasil é assim: todo mundo fala errado, mas todo mundo se entende. O Lula se comunica bem com o povo. Só que eu tô achando que ele já está abusando da credulidade popular. Vai ser indiciado como curandeiro! E com o governo Lula eu aprendi uma coisa básica: no Brasil nem a esquerda é direita! Nóis sofre, mas nóis goza! Acorda Brasil. Que eu vou dormir!

José Simão

Introdução

Assim como sua mãe, Lula nasceu analfabeto (1). Ao contrário dela, que morreu sem saber como "fazer o 'ó' com o copo" (2), Luiz Inácio aprendeu tudo rapidinho! Como um personagem de videogame que salta de uma fase para outra, o ex-metalúrgico recebeu todo conhecimento do mundo num único clique: quando vestiu a faixa presidencial!

Morram de inveja, inimigos de Lula. A trajetória do ex-moleque subnutrido do sertão é inesperada como a passagem dos dias no Brasil.

De retirante pau-de-arara, o tímido pernambucano comeu o pão que o diabo amassou até conseguir vestir macacão de operário no ABC paulista. Depois, com as agruras da rotina *heavy metal* de torneiro mecânico, descobriu a política e se tornou líder das massas. Fora do ambiente sindicalista, poucos confiavam no seu taco: levaria ainda três décadas para chegar à direção da nação.

Cabeça dura, o metalúrgico teve paciência de relojoeiro para aguardar o dia fatídico: 1º de janeiro de 2003. Ao receber a faixa de presidente, como num passe de mágica, Lula tomou posse, não apenas da Presidência da República, mas de toda sabedoria e diplomas acadêmicos aos quais não teve acesso antes.

"Nunca antes na história deste país" um brasileiro trouxe na ponta da língua respostas tão lépidas e despudoradas sobre a complexidade do mundo. Principalmente sobre assuntos dos quais não tinha o menor conhecimento.

Durante oito anos, o ex-metalúrgico proferiu em média um discurso por dia!

Considerando que um presidente também precisa trabalhar, tomar banho, mudar de roupa, escovar os dentes etc., muitas vezes o chefe da nação atingiu a espantosa marca de cinco discursos em 24 horas!

No maremoto de frases, Luiz Inácio dispara certezas definitivas, daquelas que mudam, de um minuto para outro, ao sabor do vento e das conveniências. Não creio que o palavrório tenha contribuído para solucionar os problemas nacionais. Mas foram suficientes para me deixar inquieto e parir este livro.

Classifiquei, em ordem alfabética, as dez "profissões" mais frequentes assumidas por Lula em seus discursos como presidente. Mas como no Brasil a realidade é maior que minha imaginação, cuidei de deixar espaço ao final do livro para que o leitor possa completá-lo ao sabor do tempo e do seu próprio juízo.

La lucha continua.

Marcelo Tas

(1) "Minha mãe era uma mulher que nasceu analfabeta!"
8/3/2004, discursando no Dia Internacional da Mulher.

(2) "Minha mãe não sabia fazer o 'ó' com o copo."
Em entrevista para o livro *Lula, o filho do Brasil.*

Lula
Advogado

"Ninguém aqui é freira ou santo, não estamos em um convento, e não me consta na História que em um convento também não tenha briga."

13/4/2009, no Palácio do Buriti, em Brasília, durante o lançamento do Pacto Republicano por uma Justiça mais ágil.

Ao redor de Lula estavam os "anjinhos" que administram os seguintes "conventos": José Sarney (Senado), Michel Temer (Câmara) e Gilmar Mendes (Supremo Tribunal Federal).

Este livro mostra que, durante seus dois mandatos, Lula assumiu várias "profissões". Nenhuma delas exigiu mais do ex-torneiro mecânico que a de advogado.

Antes mesmo de se eleger presidente, ou talvez, justamente para se eleger presidente, o doutor Luiz Inácio Lula da Silva iniciou a carreira defendendo um "cliente" bem enrolado com a Justiça: Orestes Quércia, o grão-vizir do PMDB. O antigo adversário político nunca acreditara na capacidade profissional do eterno candidato do PT à Presidência. Uma vez disparou à queima-roupa: "Lula nunca dirigiu um carrinho de pipocas".

Na época, ainda um bacharel de porta de cadeia, Lula devolveu: "Mas eu também nunca roubei pipoca". Provavelmente, fazendo menção às denúncias de corrupção, favorecimento ilícito e superfaturamento de obras imputadas ao ex-governador de São Paulo.

Mas eis que, às vésperas de se lançar candidato pela terceira vez a dirigente máximo da nação, nasce Lula Advogado. Cansado de perder eleições, surpreende os "cumpanhero" do PT inocentando, *data venia*, o antigo desafeto com a candura de um ursinho carinhoso: "Todas as pessoas são inocentes até que se prove o contrário", soprou Lula em direção a Quércia.

"Aaahhhhhhhh, que fofo!", aplaudiram os puxa-sacos de ambos os lados. E assim foi sacramentada a nova profissão do ex-metalúrgico e a aliança PT-PMDB, que sustentou, sabemos a que custo, o governo Lula por oito anos.

Jader Barbalho, Zé Dirceu, Delúbio Soares, Severino Cavalcanti, Renan Calheiros, Edson Lobão, Fernando Collor, José Sarney... A lista de pesos-pesados com probleminhas na Justiça que passaram pelo escritório de advocacia de Lula no Palácio do Planalto dispensa comentários. Com clientes desse calibre, quem acabou desempregado foi o advogado do diabo.

"Eu levaria o Zé Dirceu para o palanque, até porque nada foi provado contra ele."

7/12/2005, seis dias depois de o ex-deputado ter o mandato cassado por acusação de comandar o esquema de Mensalão no Congresso.

Nem contra ele, nem contra Maluf, Sarney, Barbalho, Quércia, Palocci... Das duas uma: ou a Justiça brasileira é mesmo cega ou Fernandinho Beira-Mar precisa de melhores advogados.

"Eu não acredito que haja qualquer evidência de que Dirceu cometeu o crime de que ele está sendo acusado."

23/9/2007, em entrevista ao jornal *The New York Times.*

Nessa, Lula Advogado perdeu. Zé Dirceu está inelegível até 2015.

"Não quer dizer que Renan seja culpado ou tenha qualquer culpa."

28/5/2007, no programa de rádio Café com o Presidente, tentando livrar a cara do então presidente do Senado Renan Calheiros.

Nesse famoso "julgamento", o Lula Advogado se viu diante de um elemento surpresa: uma morena insinuante, jornalista, amante do senador, então casado e pai de três filhos. O pau de macarrão entrou em ação, a morena virou capa da *Playboy,* e o "cliente" Renan teve de renunciar à presidência do Senado.

"Não tem geada, não tem terremoto, não tem cara feia. Não tem Congresso Nacional, não tem Poder Judiciário. Só Deus será capaz de impedir que a gente faça este país ocupar o lugar de destaque que ele nunca deveria ter deixado de ocupar."

24/2/2003, garantindo que aprovará as reformas mesmo contra a vontade do Congresso, do Judiciário e dos fenômenos da natureza.

Tem dias que o advogado vira curandeiro e pronto! Ignora a lei dos homens e da natureza e resolve tudo no peito. Deus que se cuide!

"Diga ao Roberto Jefferson que sou solidário a ele. Parceria é parceria. Tem de ter solidariedade."

17/5/2005, dirigindo-se a José Múcio, líder do partido de Jefferson, o PTB.

Roberto Jefferson também fez carreira em Direito. Com 170 quilos e estilo "troglodita", definição dele próprio, ficou famoso como "o advogado dos pobres" no popular programa O Povo na TV, na emissora de Silvio Santos.

Porém há almas que não são solidárias. Réu confesso no escândalo do Mensalão, Jefferson teve seu mandato cassado com perda de direitos políticos por oito anos.

"O Vavá, nessa história, me parece mais um lambari que foi pego. [...] Se vocês conhecerem Vavá, ele está mais para ingênuo do que para lobista."

12/6/2007, defendendo seu irmão Genival Inácio da Silva, o Vavá, cujo nome chegou a circular na CPI dos Bingos.

O "lambari" Vavá escapou dessa, mas não escaparia do Ibama. Olha só a travessura que ele aprontava na infância com o irmãozinho Lula lá no sertão de Pernambuco: "Lá no Norte tinha beija-flor demais... A gente comia. Caçava e comia. Fazia um espeto de 15, 20 daquilo lá". (Depoimento ao livro *Lula, o filho do Brasil*.)

"Uma coisa é você matar, outra coisa é você roubar; outra coisa é pedir um emprego, outra coisa é relação de influências, outra coisa é o *lobby*."

23/7/2009, tentando desesperadamente defender José Sarney, pego em escutas telefônicas comprometedoras pela Polícia Federal.

Outra coisa é ser honesto, outra coisa é ter vergonha na cara, outra coisa é tentar engabelar a opinião pública...

"Muitas vezes você está na cozinha de sua casa, tomando chimarrão, e não sabe o que seu filho está fazendo na sala ao lado."

25/8/2006, em resposta a um jornalista gaúcho sobre o porquê de não saber nada sobre supostas negociatas referentes ao escândalo do Mensalão que aconteciam dentro do Palácio do Planalto.

Passados tantos anos, será que Lula agora sabe que travessuras seus meninos aprontavam na sala ao lado?

“Há centenas de empregados a minha volta que nem sei o que estão fazendo.”

23/9/2007, parodiando Sócrates, o filósofo, que dizia: “Só sei que nada sei”.

É fácil, presidente. Se estiverem muito quietinhos, certamente estão jogando paciência no computador.

“Pelo bem ou pelo mal, não tem como o presidente da República dizer que não tem responsabilidade. Sabendo ou não, o presidente da República tem responsabilidade e tem que mandar apurar.”

7/11/2005, assumindo sua culpa na crise que resultou nas CPIs.

Ufa, que alívio saber que o presidente sabe que precisa saber do que importa saber.

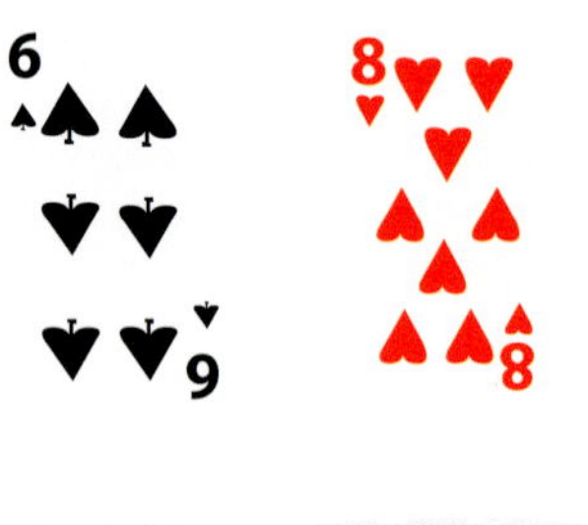

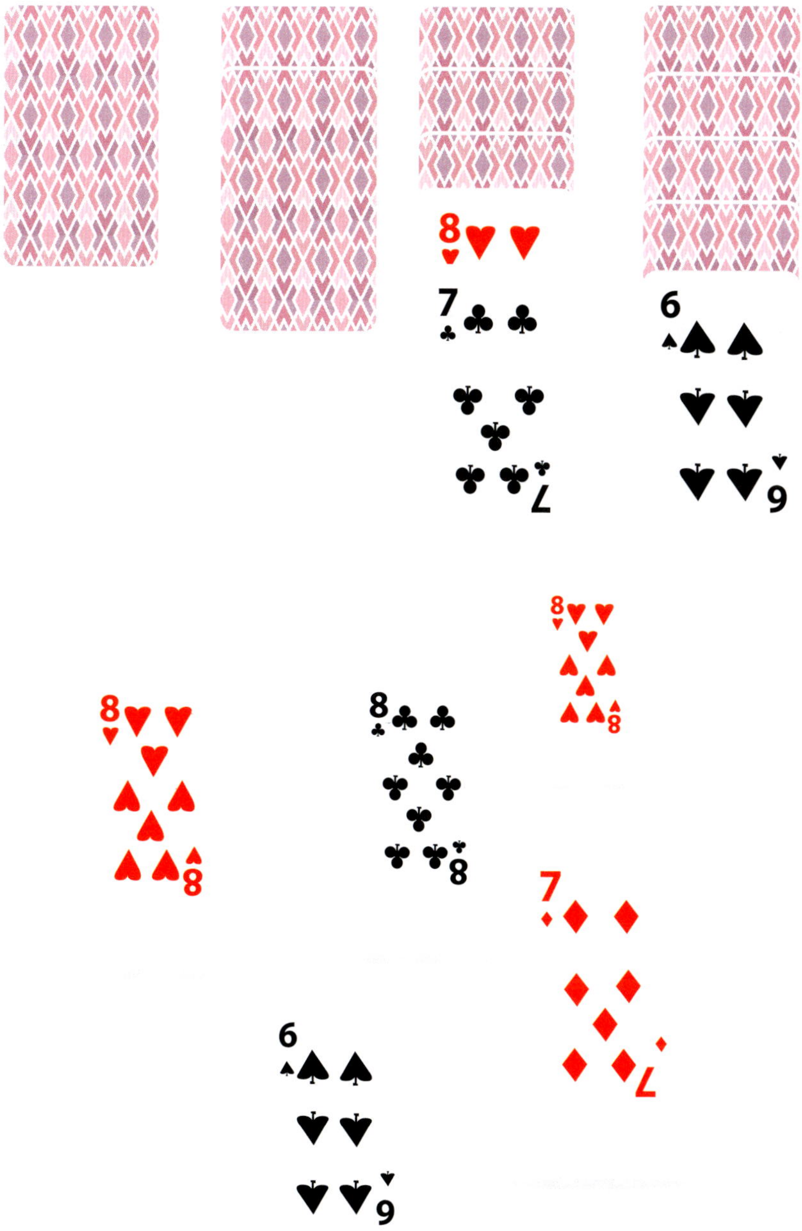

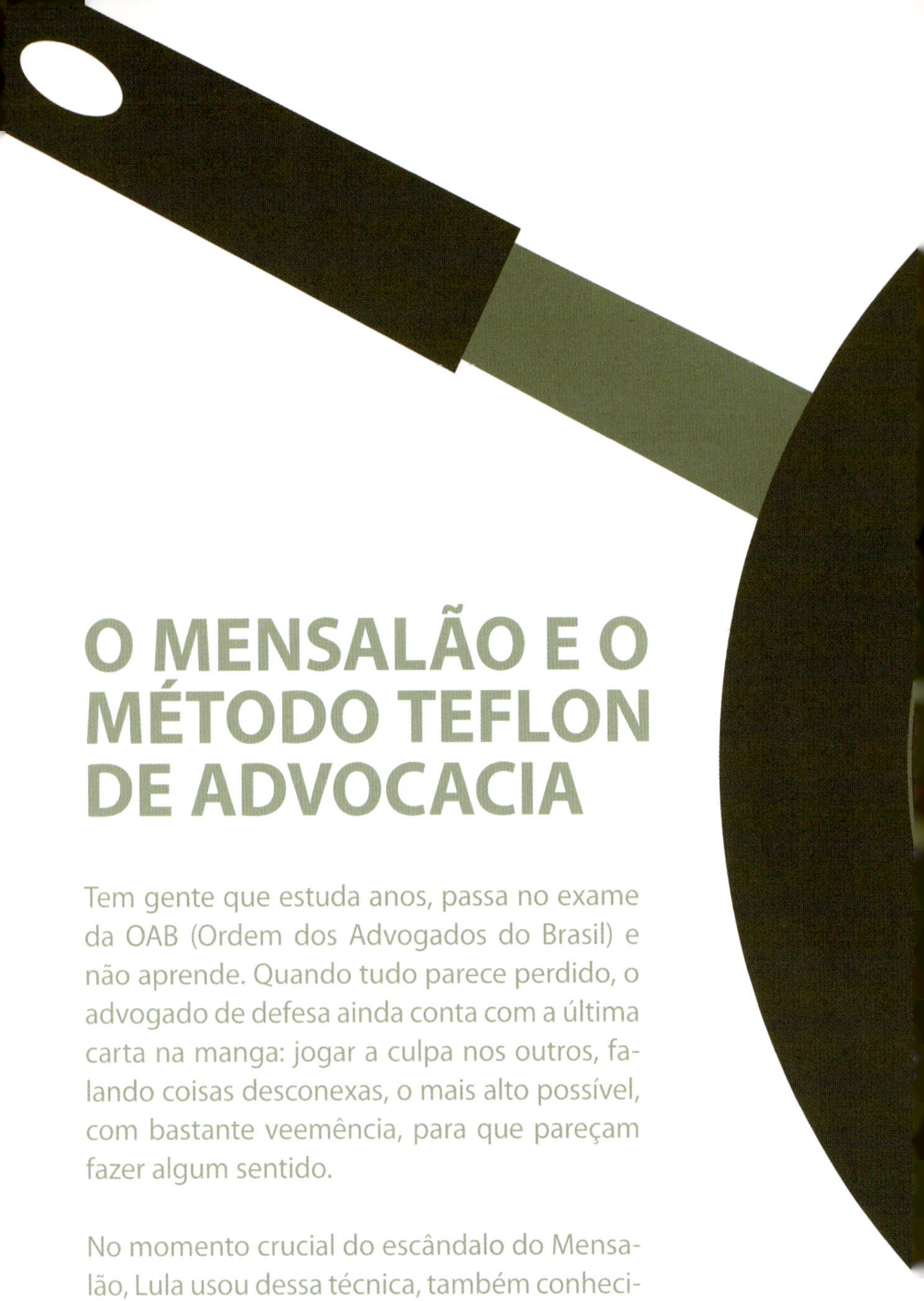

O MENSALÃO E O MÉTODO TEFLON DE ADVOCACIA

Tem gente que estuda anos, passa no exame da OAB (Ordem dos Advogados do Brasil) e não aprende. Quando tudo parece perdido, o advogado de defesa ainda conta com a última carta na manga: jogar a culpa nos outros, falando coisas desconexas, o mais alto possível, com bastante veemência, para que pareçam fazer algum sentido.

No momento crucial do escândalo do Mensalão, Lula usou dessa técnica, também conhecida como Método Teflon de Advocacia, aquele em que nada gruda.

“Porque um bando de aloprados decidiu comprar um dossiê... Se tem um candidato que não precisava de sarna para se coçar era eu.”

25/9/2006, responsabilizando o então presidente do PT, Ricardo Berzoini, pela compra de um dossiê fajuto e, ao mesmo tempo, criando um novo álibi para certo tipo de criminoso: a alopração!

"As pessoas que erraram, a gente não tem de execrá-las. Errar é humano."

13/2/2006, no jantar do 26º aniversário do PT, anunciando que os petistas envolvidos no Mensalão são seres humanos, demasiadamente humanos.

"Vocês não são corruptos. Vocês cometeram erros, mas não de corrupção."

7/10/2005, tentando a remissão dos pecados petistas com um jogo de palavras.

"Não perguntei nem perguntarei."

12/10/2006, mostrando que não está nem aí para quem pintou as listras da zebra, nem para a origem do 1,7 milhão de reais pego com petistas para a compra do Dossiê Pirata.

"O PT fez, do ponto de vista eleitoral, o que é feito no Brasil sistematicamente."

17/7/2005, durante entrevista em Paris, reconhecendo na caradura o crime do Caixa Dois.

"Todo mundo aqui tem uma experiência de inveja na vida, não tem? Se tiver vizinha invejosa, tem que chamar alguém para benzer a casa, porque senão a urucubaca acontece na casa da gente."

19/10/2008, comparando as adversidades da política ao cotidiano da população.

Advogado experiente, Lula sabe que certas vezes tem que apelar para outras cortes. No caso, a corte do sal grosso e da galinha preta na encruzilhada.

"Eu sou um homem de fé. De tanta fé que sou corintiano."

5/5/2004, discursando em Rio Verde (GO).

Quando se esgotam as palavras e argumentos, Lula Advogado sabe que tem sempre a última bala na agulha: se declarar corintiano é como um pedido de *habeas corpus*.

PANIS ET CIRCENSIS

Desde os romanos é assim. Tem hora em que o povo quer ver sangue e cabeças rolando. Depois de enxugar gelo e tentar explicar que focinho de porco não é tomada, Lula Advogado lança os "cumpanhero" aloprados às feras. Afinal, ele tem que manter a fama de mau.

"Cortaremos na própria carne, se necessário... Quem tem culpa no cartório que pague o preço."

7/6/2005, defendendo a apuração dos casos de corrupção no PT.

"Não posso admitir que companheiros, em nome da facilidade, comecem a terceirizar campanha financeira de um partido. Por isso eu acho que fui traído por todos os que fizeram essa prática condenada pelo PT e pela sociedade brasileira."

7/11/2005, em entrevista ao programa Roda Viva, mudando de opinião sobre o Caixa Dois.

"Chamei o presidente do partido lá em casa e falei: eu quero saber quem fez essa burrice. Você tem obrigação de dar uma resposta à sociedade."

16/10/2006, na TV Cultura, contrariando o que havia dito antes, que não havia crime algum.

"Se os envolvidos tivessem assumido publicamente as razões pelas quais o fizeram, e dissessem quem deu o dinheiro, seria muito mais convincente para a sociedade."

16/10/2006, em entrevista no programa Roda Viva, falando do escândalo do Dossiê Pirata.

"Alguns companheiros meteram os pés pelas mãos, fizeram tudo aquilo que o PT sempre combateu ao longo da vida. Afinal de contas, foi para isso que criamos o PT, para moralizar a política brasileira."

Dezembro de 2007, na revista *Brasileiros*, em entrevista ao amigo e ex--assessor Ricardo Kotscho, reconhecendo pecadinhos do PT.

"Se se cometeu um crime eleitoral, eu e qualquer outro cidadão comum deste país temos que pagar pelo crime que cometemos."

18/10/2006, em sabatina do jornal *Folha de S. Paulo*, quando pesquisas apontavam vantagem de 19 pontos em relação ao candidato adversário Geraldo Alckmin.

"Se você ligar para mim, quem vai atender vai ser o Gilberto Carvalho. Peça a Deus para seu telefone não estar sendo gravado, senão vai aparecer sua conversa."

16/7/2008, falando sobre o grampo que revelou conversa de seu chefe de gabinete com um dos advogados de Daniel Dantas, o ex-deputado petista Luiz Eduardo Greenhalgh.

Durante seu governo, Lula teve ajuda divina, mas também sofreu com o encosto de Daniel Dantas. O banqueiro aprontou o diabo durante a administração petista.

Se Glauber Rocha estivesse vivo, certamente faria *Deus e o diabo na Terra do Sol 2*, com Dantas no papel de vilão. Pensando bem, com tanto vilão nessa trama surreal, o chefão do Opportunity talvez acabasse no papel de mocinho.

"Se você mora num prédio, tem de seguir as regras do condomínio."

15/5/2003, defendendo que os interesses do PT devem ficar à frente dos individuais, cutucando dissidentes do partido.

Seguir as regras do condomínio, ao contrário de vontade da maioria, significa basicamente obedecer rigorosamente às ordens do síndico. Isto é, do Lula.

"Foi Deus quem garantiu o segundo turno. Era preciso o segundo turno. Eu, no começo, fiquei chateado. Mas agora estou feliz. Porque no segundo turno é que a gente está podendo provar quem é quem."

22/10/2006, após o anúncio de que haveria segundo turno entre ele e Alckmin.

O bom advogado sabe a hora certa para convocar o Todo-Poderoso e transformar o resultado adverso numa vitória retumbante.

"Um país que acha petróleo a 6 mil metros de profundidade pode achar um avião a 2 mil."

1º/6/2009, diretamente da Guatemala, arrisca um palpite de que os destroços do avião da Air France, desaparecido em mar brasileiro, serão encontrados.

A tese parece sem pé nem cabeça, mas tem alguma lógica. Assim como o petróleo do pré-sal, o Airbus continua até hoje lá embaixo, ambos completamente intangíveis.

A MÍDIA, SEMPRE A MÍDIA

Na presidência, Lula evitou ao máximo o contato com a imprensa. Nos quatro anos do primeiro mandato, o petista falador concedeu apenas UMA (!) entrevista coletiva, já no final do jogo, no dia 29 de abril de 2005!

Nessa relação a conta-gotas, Lula Advogado sabe como poucos a hora certa de usar e também de reclamar dos veículos de comunicação.

Garoto esperto, com anos de praia diante dos canhões da mídia nacional e internacional, Luiz Inácio às vezes finge não saber que a notícia de que o cachorro mordeu o homem nunca será melhor que a do homem que mordeu o cachorro.

“Quando leio jornal já me assusto. Em maio, foram cento e poucos mil empregos, mas a manchete é o emprego no Senado... Não consigo entender por que a predileção pela desgraça. Há tanta coisa boa que acontece. Quando liga a TV e lê jornal, o que está estampado é a desgraça!”

23/6/2009, tentando tirar o foco do noticiário sobre a crise dos atos secretos no Senado.

"Não quero que publiquem que eu sou santo, não sou... Ou inventam mentiras para me esculhambar, ou exageram em coisas que não existiram pra me transformar em super-homem. Não sou nem uma coisa nem outra."

Depoimento ao livro *Lula, o filho do Brasil*, em momento de desabafo.

"Nem todo mundo dorme e acorda na mesma hora."

21/5/2003, tentando explicar aos jornalistas, com cantilenas para bovinos dormir, por que o PT só passou a defender as reformas depois de chegar ao poder.

"Porque eu tenho problema de azia."

Janeiro de 2009, respondendo à revista *Piauí* por que não lê jornais ou revistas aos finais de semana.

"Não é verdade. O que eu disse para a *Playboy* é que eu tinha vários amigos que faziam isso... Nunca foi a minha paixão manter relações com animais."

Depoimento ao livro *Lula, o filho do Brasil*, desmentindo o que havia revelado antes à revista *Playboy*: que sua primeira paixão tinha sido uma galinha, daquelas com penas.

"Eu prometo ser curto e não grosso."

15/7/2009, em Brasília, na abertura da XII Marcha dos Prefeitos em Defesa dos Municípios.

Promessa cumprida! Ao invés do longo falatório de praxe, Lula foi sucinto. Alegou em defesa própria: "É que hoje, com a graça de Deus, fomos convidados para comer um churrasco. Tem um porquito assado pra eu comer lá em casa".

"Quem sabe podemos trocar os nossos radicais? Eu troco um Babá por um Geddel!"

12/5/2003, desapontado com o deputado baiano Geddel Vieira Lima, que criou dificuldades para a adesão do PMDB ao governo.

O bom advogado de acusação deve conhecer a dosagem certa entre a piada e o blefe. Tudo para confundir o adversário e seduzir o júri popular.

"Muitos querem jogar a corrupção para dentro do Palácio do Planalto, mas eu estou aberto como coração de mãe."

17/8/2005, discursando em Vitória da Conquista (BA), no início do escândalo do Mensalão, quando ainda atuava como advogado de defesa de seus "filhinhos" travessos.

Tem mãe que é cega.

"Minha mãe era pobre, mas era limpa."

23/8/2006, candidato à reeleição, dizendo que, como sua mãe, seu governo não empurra a sujeira para baixo do tapete.

Na hora do "vamuvê", para cutucar o coração do eleitor, Lula sempre bota a mãe no meio.

“No Brasil cresce o emprego, cresce a economia, crescem as exportações e importações, a única coisa que cai é o salário… digo… é a inflação.”

10/8/2006, na última resposta da última entrevista como candidato antes das eleições 2006, ao vivo, no Jornal Nacional, da Rede Globo.

Acontece até com advogados experientes. Diante da vitória certa, Lula relaxou e pisou no tomate.

“Tem lei que pega e tem lei que não pega. Essa do Primeiro Emprego não pegou.”

12/5/2004, discursando em Goiás.

A diferença entre um bom advogado e um grande advogado é que aquele conhece as leis, e este, as artimanhas do jogo.

"Em qualquer lugar do mundo que eu vou, eu tenho que levar flores ao túmulo do herói nacional. No Brasil não tem."

19/7/2004, advogando por mais patriotismo no lançamento da campanha "O melhor do Brasil é o brasileiro".

Não tem túmulo ou não tem heróis?

Lula

Animal Político

"Juscelino várias vezes apareceu nas primeiras páginas dos jornais como ladrão. Tentaram cassá-lo duas vezes, tentaram dar golpe de Estado, tentaram matá-lo, inclusive, e ele nunca perdeu a paciência."

30/8/2005, comentando a crise política pela qual o Brasil passava.

Infelizmente, ao longo da História, quem nunca perdeu a paciência foi o povo brasileiro.

Depois de "nunca antes na história deste país", a frase mais ouvida durante o governo do presidente metalúrgico foi: "Lula é um animal político".

É uma bela frase, porém está incompleta. O presidente Lula não apenas é um animal político, mas personifica, com todo respeito, uma verdadeira biodiversidade de animais – políticos, apolíticos e até mesmo simplesmente animais.

Há dias em que Luiz Inácio se transforma num camaleão daltônico. Como na famosa cena de palanque em Alagoas, quando surpreendeu a nação dando um abraço de tamanduá no ex-inimigo Fernando Collor.

Nas viagens internacionais, por exemplo, o presidente parece um cão weimaraner. É capaz de meter medo nos interlocutores por sua aparência, digamos, rústica e incomum. Como também pode relaxar o ambiente com seu estilo amigão, interagindo numa boa com outras raças de cães agressivos como o rottweiler Hugo Chavez ou o imprevisível chihuahua Evo Morales.

O fato é que na política, de burro, o molusco Lula não tem nada.

"O povo cubano é o mais politizado do planeta Terra."

19/2/2008, comentando o afastamento de Fidel Castro do governo de Cuba.

E se incluirmos outros planetas? Seriam os incas venusianos que invadiram a Terra nos anos 1960, mas foram expulsos pelo super-herói japonês Nacional Kid?

"A esquerda também é conservadora e tem medo do novo."

10/4/2003, criticando os que resistem à reforma da estrutura sindical.

Se o povo cubano é o mais politizado da Terra e a esquerda tem medo do novo, danou-se! Nem o Nacional Kid dá jeito nesses terráqueos.

"As CPIs têm que funcionarem (*sic*), têm que apurarem (*sic*)!"

22/7/2005, na cerimônia de inauguração do Complexo Tecnológico de Medicamentos de Farmanguinhos (RJ).

O diacho é que essas malditas CPIs teimam em não "resolverem" nada. Quem paga o pato é o português!

SUPER LULA BROS.

NA PRAÇA DOS TRÊS PODERES MÁGICOS

Século XXI, Era Lula, Brasília: a Praça dos Três Poderes é uma praça de guerra. Mísseis cruzam os ares entre os prédios do Congresso, do Palácio do Planalto e da Justiça. É uma cena que mistura Mario Bros. com Street Fighter: Super Lula Bros., o game mais irado da República.

Start! O presidente Super Lula desce a rampa do Palácio do Planalto, atravessa a Praça dos Três Poderes Mágicos para colher cogumelos de energia com aliados no Congresso. Ping, poing, tum... Jacarés sinistros da oposição atiram bolas de fogo, tentando derrubá-lo; os Dragões da Independência o defendem e Super Lula consegue escapar pelo encanamento de esgoto do Senado.

Bing, boing, pum... Surgem os fantasminhas do Mensalão. A imprensa ataca com seus microfones. Pom, pom-pom, poropómmm: pliiimmmm! Super Lula,

protegido pelos seguranças e as hienas da base aliada, foge saltando na cabeça dos jornalistas em direção aos subterrâneos do Supremo Tribunal Federal.

Perseguido por morceguinhos de toga e tartaruguinhas lobistas nos corredores do Judiciário... plunct, plact, zum... o pançudinho Super Lula surpreende os adversários. Saca uma vida extra do macacão de encanador-metalúrgico e... plim! Solta raios mágicos e senhas secretas passando para outro nível do joguinho com a popularidade em alta e intacta.

Pom, pomporóm, peinporéim!

Em Brasília, Super Lula é o chefão. E game over!

"Seria tão bom se o Poder Judiciário metesse o nariz apenas nas coisas deles, o Legislativo apenas nas coisas deles, e o Executivo apenas nas coisas deles. Nós iríamos criar a harmonia estabelecida na Constituição."

28/2/2008, criticando o ministro do STF, Marco Aurélio Mello, que criticara o presidente sobre o caráter "eleitoreiro" do programa Territórios da Cidadania.

"Não sei se existe um Parlamento mais compreensivo do que o nosso, mesmo nas divergências."

26/11/2006, tentando uma trégua junto aos adversários do Congresso, durante a posse do novo ministro das Relações Institucionais, José Múcio Monteiro.

“Depende, todos eles [senadores] são bons pizzaiolos.”

15/7/2009, disparando um míssil de calabresa em direção ao Senado, quando questionado se a mistura de pré-sal com CPI da Petrobras ia resultar em pizza.

“Deixa eu dizer primeiro o que eu quero dizer pra depois vocês dizerem o que querem perguntar.”

15/7/2009, em Brasília, encurralado por dezenas de microfones da mídia nacional, no auge da crise do Senado.

“Recomendaria a qualquer presidente que se afaste dos políticos e da imprensa nos fins de semana.”

Janeiro de 2009, dando dica de como manter a imunidade intacta no videogame do poder.

"A crise neste país já levou o presidente Getúlio a se matar... Jânio desistiu por causa do inimigo oculto... Jango foi obrigado a renunciar... Não farei como Getúlio, Jânio ou João Goulart. O meu comportamento será o de JK: paciência, paciência, paciência."

25/8/2005, reafirmando que não deixará que o tirem do Palácio do Planalto por causa da crise.

Lula nunca escondeu de ninguém seu ídolo máximo na política. Para o ex-operário, Juscelino Kubitschek, o homem que trouxe a indústria automobilística para o país, era "o" cara.

"Nenhum terremoto político poderia destruir os fundamentos da democracia no Brasil. As divergências de opinião aqui são diferentes de qualquer outro país."

24/2/2006, em entrevista à revista inglesa *The Economist.*

As divergências de opinião no Brasil são diferentes mesmo. Na hora H desaparecem e colocam do mesmo lado figuras como Sarney, Lula e Collor. Não há terremoto ou bomba atômica que possa abalar a nossa cara de pau!

“Nunca vi ninguém discutir economia com a fineza política de Palocci. Essa arte a gente não aprende na universidade.”

28/3/2006, durante a posse do ministro da Fazenda Guido Mantega, destacando a qualidade política de Palocci no debate econômico.

Em Brasília, há um caseiro que tem certeza: Palocci fez arte com a conta bancária dele.

“Eu não brinco com democracia, porque toda vez que se brinca com democracia a gente quebra a cara. Quando um dirigente político se acha imprescindível... está começando a nascer um pequeno ditadorzinho dentro dele.”

6/5/2008, em Manaus (AM), lançando obras do PAC e descartando o terceiro mandato.

Até os grandes animais políticos, como Lula, têm seus dias de galináceo quando atravessa uma estrada movimentada. Avança, para, volta, muda de opinião, vacila e quase acaba atropelado pelas rodas da História.

"Tenho adotado como filosofia política que político bom é o que pensa e depois fala. E, como dizem os mineiros, o político melhor é aquele que pensa e não fala."

6/5/2003, num palanque em Aracaju (SE) a uma plateia composta por 65 prefeitos.

Evidentemente, se o presidente tivesse pensado, a frase não teria saído.

"Não aguento mais encontrar presidentes de países latino-americanos jogando a culpa das desgraças do Terceiro Mundo em cima do imperialismo. É uma bobagem. Nós somos vítimas apenas da nossa competência ou da nossa incompetência."

22/4/2003, discursando na cerimônia de implantação de um alto-forno da Companhia Siderúrgica de Tubarão, em Vitória (ES).

Verdade. As vítimas da incompetência não são os colegas do presidente, mas o povo latino-americano que os elege, né?

“Isto faz parte da democracia. E democracia não é só coisa limpa, não.”

5/9/2006, durante comício em Caruaru (PE), tentando defender Humberto Costa, ex-ministro e candidato petista ao governo de Pernambuco, indiciado pela Polícia Federal na Operação Vampiro, que apurava superfaturamento de produtos hemoderivados na Saúde.

"Cracia", do latim, significa "governo". Portanto, democracia é o governo do "demo", que apesar de não significar "demônio", mas "povo", é coisa que acumula algumas sujeirinhas características dos seres humanos.

"Quando a gente é de oposição, você pode fazer bravata porque não vai poder executar nada mesmo. Agora, quando você é Governo, tem de fazer. Aí não cabe bravata."

27/3/2003, ao afirmar que enviaria, no dia seguinte, as propostas de reforma previdenciária e tributária ao Congresso.

Cabe, presida, cabe... Até hoje a reforma tributária e a reforma previdenciária não saíram do lugar. Representam a mais pura e genuína bravata!

"Para nós que estamos na Presidência, quatro anos é tão pouquinho. Mas para quem está na oposição, quatro anos é tão grandão!"

2/9/2008, na cerimônia de coleta do pré-sal.

Como diria o "cumpanhero" Einstein: o tempo é relativo!

"Quando a gente é oposição é difícil aceitar que o governo dê certo... Então você tem que futucar, tentar achar pelo em ovo."

19/2/2008, demonstrando todo seu conhecimento e tolerância com a oposição ao seu governo.

Lula é PHD em táticas de guerrilha de oposição. Tem mais de duas décadas de experiência em vasculhar penugens em superfícies ovais e chifres na cabeça de equinos.

"Não adianta plantar seu feijãozinho e querer que ele nasça em dez dias... Vai ter de esperar 90 dias. Assim é a política. As coisas não acontecem no tempo que a gente quer. Elas acontecem no tempo que a gente prepara para elas acontecerem."

25/6/2003, durante o lançamento do Plano Safra da Agricultura Familiar 2003/2004, pedindo tempo para que o governo apresente um plano de reforma agrária.

Lula usa a metáfora do feijãozinho para ganhar tempo para mostrar resultados da sua política de reforma agrária. Delfim Netto fez o mesmo quando serviu como ministro da Fazenda na ditadura. Lançou uma metáfora gastronômica: esperar o bolo crescer para depois dividi-lo... Até agora nada de bolo, nem de feijão. Só fumo.

Lula
Comediante Stand-up

"Roberto, você pode ficar de pé para minha mulher saber quem é o dono do banco dela?"

2002, para Roberto Setúbal, dono do Banco Itaú, em encontro com líderes políticos e empresariais, na reta final da campanha eleitoral.

O que um homem não faz para agradar a esposa na frente de outros homens?

O profissional de comédia *stand-up* faz piada com desgraças dos outros e, principalmente, com as suas próprias.

Nos oito anos de mandato, o presidente soube tirar humor de suas mancadas, que, convenhamos, não foram poucas. Para evitar concorrência dos profissionais, virou comediante de si mesmo.

Bastava aparecer um microfone, uma plateia e pimba: entrava em cena o Lula Comediante *Stand-up*!

"Aqui jaz um boi. Agora é biodiesel da picanha."

21/8/2007, fazendo graça com a ministra Dilma, ao visitar uma usina que produz biodiesel com sebo bovino.

Durante seus dois mandatos, Lula acreditava que um dia fosse dominar o mundo com o biodiesel. Eis o que restou da megalomania: uma piadinha.

"O Brasil é um país jovem com uma juventude muito jovem."

7/7/2009, defendendo a candidatura do Rio de Janeiro como sede das Olimpíadas de 2016, durante entrevista coletiva na Itália.

Sim, e o Brasil também é um país com velhotes muito velhacos.

"Divida a culpa comigo pelas coisas ruins que acontecem no Brasil."

22/6/2009, dirigindo a palavra diretamente a Deus, culpando a meteorologia e seu padroeiro São Pedro, durante o lançamento do PAP – Plano Agrícola e Pecuário, em Londrina (PR).

Quando reconhece a culpa, o presidente cuida logo de arrumar um "cumpanhero" à altura para dividir a cruz: Deus!

“Não será por falta de lealdade aos princípios que nos fizeram chegar à presidência que não iremos cumprir. Se a gente não cumprir é porque teve fatores extraterrestres que não permitiram que nós cumpríssemos.”

31/8/2006, ao final do primeiro mandato, jogando a culpa das promessas não cumpridas para os extraterrestres.

Esses extraterrestres são mesmo uns palmeirenses do mal. Desceram à Terra só para não deixar que o corintiano Lula cumprisse suas promessas de campanha.

“Por que Obama é melhor que McCain? Porque eu acho que ele também é corintiano.”

5/11/2008, antes do início de solenidade para comemorar os 20 anos da Constituição de 1988, na Câmara dos Deputados.

Teve gente que pegou no pé do presidente-comediante julgando a piada racista. Calma lá, pessoal. Obama é negão, ok, mas a bola dele é outra. Torce pro Chicago Bulls, time de basquete do Michael Jordan.

PRÉ-SAL COMEDY SHOW

Tirando o Corinthians e dona Marisa, nada deixou Lula mais excitado, em seus oito anos no poder, que a famosa camada do pré-sal.

Para nós, pobres mortais, o petróleo sob o sal é insondável como os culpados pelo Mensalão: sabe-se que estão em algum lugar, mas ninguém, em sã consciência, acredita que um dia vai botar a mão neles.

O ditado popular recomenda que não se deve contar com o ovo no fiofó da galinha. Mas para o presidente Lula, o petróleo abaixo da camada espessa e profunda é uma realidade tão tangível quanto sua própria barba.

"Eu tenho medo de piscina... Imagina descer 1.400 metros de água, depois furar mais 3 mil metros de rocha, depois furar uma camada de 400 metros de sal e trazer petróleo! O buraco é tão fundo que qualquer dia a Petrobras vai trazer um japonesinho na broca."

3/9/2008, no 7º Festival Lixo e Cidadania, em Belo Horizonte (MG).

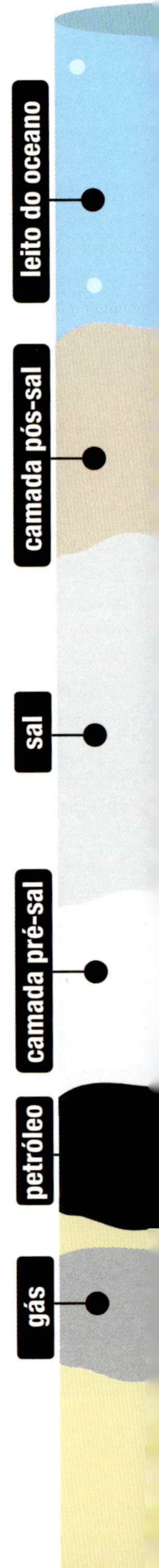

cerca de 2 km

"Eu fui lá ver e botei a mão. Se vocês soubessem a sensação de botar a mão numa coisa tirada 4 mil metros do fundo do mar... Eu até sujei o macacão da Dilma!"

Rousseff, ministra da Casa Civil e coadjuvante mais assídua dos *stand-ups* do presidente.

de 7 a 8 km

"Eu, na verdade, queria tomar um banho com aquele petróleo."

"Ontem cheguei em casa e a televisão estava falando do pré-sal. Foi bonito. Mas teve uma segunda parte na qual colocaram pessoas para criticar o projeto. Por que tanta má vontade com o país? Mas há um ditado que diz: pra baixo todo santo ajuda, e a perfuração, gente, é pra baixo!"

Ahahahahahahahahahahahahahahahahaha!

Tóquio

"Minha mãe não sabia fazer o 'ó' com o copo."

Em entrevista para o livro *Lula, o filho do Brasil.*

Para quem não entendeu a piada: coloque um copo de cerveja gelada sobre a mesa, espere ele "suar" um pouquinho; agora levante o copo e... pronto! Sobre a mesa, você acabou de "escrever" a letra "ó" com o copo, coisa que a mãe do presidente não sabia fazer por ser analfabeta.

"Está nervoso o mercado? Eu não estou, estou calmo."

5/2/2004, sobre a onda de boatos financeiros da semana anterior.

Mudança no sistema financeiro? Corte nos gastos? Austeridade administrativa? Nada disso: as armas mais utilizadas pelo presidente para enfrentar a grave crise econômica foram piadas.

"Se porrada educasse as pessoas, bandido saía da cadeia santo."

26/2/2008, anunciando que faria investimentos sociais na favela da Rocinha em detrimento de investir em novos presídios.

Quando se aventura a falar de Educação, o presidente é sutil como Maguila tocando Mozart num piano de cauda. *Tocanu nu rábu di quêim, hein, cabra safadu?*

"Certamente o embaixador russo recebeu a notícia. Certamente mandou para o presidente Putin. E certamente o Putin ficou meio 'putin' com o Brasil."

20/3/2007, colocando numa linguagem "churrasco e caipirinha" sua opinião sobre a reação do presidente da Rússia diante da denúncia de que frigoríficos brasileiros pagariam suborno a autoridades russas para continuar exportando carne para aquele país.

Muitos temiam que Lula, com seu jeito metalúrgico *heavy metal* de ser, escandalizasse a corte de Brasília com piadas de baixo calão. Vamos dar a mão à palmatória: em vez de linguagem chula, o presidente pratica humor ingênuo, quase infantil. Em vez de uma Dercy Gonçalves, o Palácio do Planalto hospedou uma espécie de "Tiririca" de terno e gravata.

"Não acredito que a gripe venha para o Brasil. Estamos muito distantes do centro das aves migratórias. Mas... sempre tem uma ave mais peralta... e ela pode resolver debandar aqui para o lado do Brasil."

7/4/2006, no lançamento do Plano Nacional de Prevenção à Gripe Aviária.

Este é o presidente Lula: se mete a entender até de ornitologia! Resolve qualquer crise usando a fé e o gogó.

"Olha para a minha cara para ver se eu estou preocupado."

20/5/2005, ao lado de José Alencar e Marina Silva, respondendo aos jornalistas se ficava preocupado com a criação da CPI dos Correios.

O presidente mostra uma habilidade rara até para grandes comediantes: a chamada *poker face*. Trata-se da expressão facial neutra intransponível, usada pelos mestres do pôquer. Os adversários ficam sem saber se estão diante de um blefe ou de um *royal straight flush*.

"A elite brasileira, que saía do Sul para tomar conta da borracha no Amazonas, mandava lavar a roupa em Paris. Eram seis meses para ir e voltar. Imagine o cidadão ficar esperando uma cueca seis meses... E naquele tempo era ceroulão!"

18/7/2007, abordando o tema "lavanderia".

A piada não tem muita graça, mas é de alto nível. Mistura numa só panela: globalização, sabedoria de almanaque e nostalgia das cuecas de outrora. Estilão inconfundível.

"Alguém tem de trabalhar neste governo."

30/7/2003, justificando o atraso de meia hora para chegar à sessão noturna de cinema no Palácio da Alvorada.

Já numa outra noite... alta madrugada no Palácio da Alvorada, há testemunhas que juram de pé junto que presenciaram uma situação inversa. Diante da oferta presidencial de mais uma saideira, a décima nona, o convidado Zeca Pagodinho disparou: "Obrigado, presidente. Amanhã, eu tenho de trabalhar!".

"Quando vocês se aposentarem, por favor, não fiquem em casa atrapalhando a família. Procura alguma coisa para fazer."

1º/10/2003, ao sancionar o Estatuto do Idoso, diante de centenas de aposentados esperançosos.

Sabe a piada da reforma da Previdência? Não sabe?! A reforma da Previdência é uma piada que nunca deu o ar da graça.

"Dinheiro que é bom... ó! Discurso... ó!"

15/7/2009, fazendo gesto de "pequeno" e depois de "grande" para seu discurso. Para prefeitos que participavam da "Marcha a Brasília" pedindo mais verbas para seus municípios

A plateia de prefeitos caiu na gargalhada, mas teve de voltar pra casa com as mãos abanando.

"Se fosse fácil resolver o problema da fome, não teríamos fome."

10/2/2004, na abertura do Expo Fome Zero.

Seguindo essa linha de raciocínio: se fosse fácil resolver o problema da gula, não haveria lipoaspiração?

"Por que você não enche a boca de castanha?"

5/2/2004, tentando calar a boca de uma repórter que insistia em exercer seu trabalho: fazer perguntas.

Como alguns comediantes, Lula também tem momentos de péssimo humor. Quando se estressa, em vez de tentar melhorar a piada, bota a culpa na plateia.

"Estou com dor no pé, mas não posso nem mancar. A imprensa vai dizer que é porque estou num encontro com os companheiros portadores de deficiência."

4/12/2003, no encontro com atletas paraolímpicos.

Lula tornou-se "cumpanhero" dos portadores de deficiência física aos 19 anos de idade. Perdeu o dedo mínimo enquanto trabalhava de madrugada num torno mecânico.

"Esse negócio de experiência, sabe o que me lembra? O Mandela. Sabe qual era a experiência do Mandela? 27 anos de cadeia."

12/8/2002, recorrendo ao exemplo de Nelson Mandela, então presidente da África do Sul, para responder se tinha experiência para governar o Brasil.

O presidente brasileiro deveria ter seguido outros exemplos do colega africano. Como Lula, Nelson Mandela nasceu num fundão pobre do país dele e foi o primeiro da sua enorme família a frequentar escola. Ao contrário de Luiz, Nelson, antes mesmo de ser preso, aos 44 anos, já tinha cursado duas faculdades: Artes e Direito.

"Espero que o Tribunal de Contas da União não venha pra cima de mim por causa dessas alianças."

23/5/2008, ao trocar um novo par de alianças com dona Marisa.

Discreta na vida pública, a primeira-dama Marisa Letícia Lula da Silva sempre conduziu com mão de ferro a política matrimonial. Numa das raras vezes em que abriu a boca, a "cumpanhera" do presidente deixou uma frase para a posteridade: "Não sou a primeira-dama do Lula. Sou a Ú-NI-CA!".

"Aprendi a contar até dez, apesar de só ter nove dedos, que é para não cometer erros."

24/7/2003, no lançamento do Plano Safra para a Agricultura Familiar.

Pô, presidente, perdeu com a piada uma ótima chance de justificar seus erros, que não foram poucos.

"Nunca vi ninguém dizer que sua mulher é feia."

26/4/2005, pedindo a empresários que não falem mal do Brasil no exterior.

Na hora de pressionar empresários, o presidente apela feio: invoca o medo que cada um deles tem da sua "radiopatroa".

"Agora vão lá no Senado fotografar o ACM para ver como tá a cara dele."

3/10/2006, atiçando os fotógrafos contra o senador baiano Antônio Carlos Magalhães, depois da vitória do petista Jaques Wagner para o governo da Bahia.

Pouco tempo depois, empossado pela segunda vez no cargo de presidente, fotógrafos no Palácio do Planalto já registravam o abraço de Lula e Toninho Malvadeza, apelido "carinhoso" com que alguns baianos se referem a ACM.

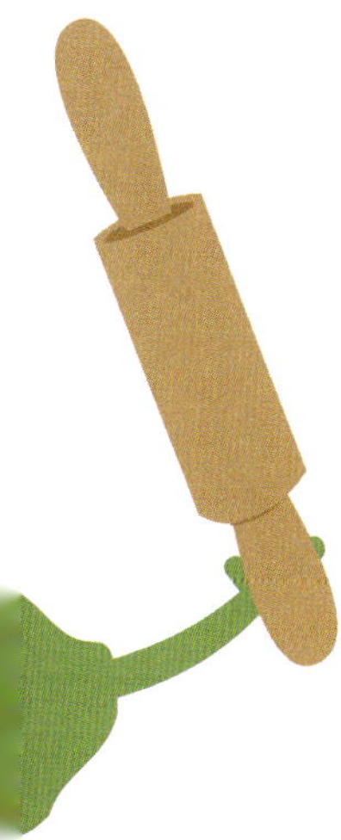

"Não tem coisa pior que ser pobre e famoso. Na próxima encarnação, quero ser rico e anônimo."

11/3/1998, pré-candidato do PT à Presidência, Lula reclama de discriminação quando vai a restaurantes caros por ser pobre e de esquerda.

Antes mesmo da "próxima encarnação" de Lula, o marqueteiro baiano Duda Mendonça, tal qual um gênio da garrafa, realizou o desejo dele. Num restaurante do Rio de Janeiro, brindou com um Romanée-Conti, vinho francês de 6 mil reais, a performance do então candidato no último debate na TV antes da eleição.

Lula
Economista

"Eu gostaria de ter podido fazer um curso superior. Eu gostaria de ser economista."

Em entrevista para o livro *Lula, o filho do Brasil*.

A Economia é uma ciência tão exata quanto o futebol. Em ambos, a única lei que funciona é: tudo vai bem até que começa a ir mal.

Apesar de perna de pau, Lula entende mais de futebol que de Economia. Tanto que escolheu para ministro da Fazenda um médico trotskista caipira: Antonio Palocci. A única experiência anterior dele na área de finanças era calcular com quantas canecas de chope se fecha uma conta no Bar Pinguim, em Ribeirão Preto (SP), famoso antro de bebuns da cidade.

Justiça seja feita: com sua conversa mole, Palocci acabou eleito prefeito por duas vezes na progressista metrópole do interior paulista. Mas é melhor deixar essa "experiência" de lado. Foi lá que surgiu a misteriosa "República de Ribeirão", que rendeu ao ex-economista acidental processos por lavagem de dinheiro, formação de quadrilha, peculato e falsidade ideológica.

“De vez em quando fico pensando: como é que uma pessoa honesta, que não vai desviar um milímetro do dinheiro público para sua conta, aceita ser ministro, num país onde salário de ministro é tão pequeno?”

25/11/2004, durante o 30º aniversário da Embrapa, referindo-se ao salário que os ministros recebem.

Que boca, hein, presidente? A resposta à pergunta veio na forma do escândalo do Mensalão, um vendaval que varreu a Esplanada levando vários ministros, inclusive o da Fazenda, e funcionários graduados do governo.

“Na primeira vez que me perguntaram se eu era comunista, respondi: ‘Sou torneiro mecânico’.”

Em entrevista para o livro *Lula, o filho do Brasil.*

Entre Karl Marx e Adam Smith, o presidente-metalúrgico sempre optou pelos aperitivos com os “cumpanhero”.

"Estamos com a faca e o queijo na mão. Estamos com fome, então vamos comer."

14/7/2009, numa entrega de obras em Maceió (AL), Lula indica que vai mudar as regras de extração de petróleo diante da descoberta de gigantescas reservas na camada de pré-sal.

A descoberta de imensas reservas de petróleo no litoral sudeste brasileiro, bem no início da campanha eleitoral para a sucessão de Lula, juntou a fome com a vontade de comer.

"Precisamos colocar essa bicicleta para andar para vermos outras paisagens... a paisagem do crescimento... sem criança na rua, sem prostituição infantil... sem favela."

28/5/2003, comparando a situação da economia do país a uma bicicleta ergométrica.

A metáfora da bicicleta ergométrica é de uma precisão cirúrgica. No Brasil, a sensação permanente é que a gente pedala, pedala e não sai do lugar.

"Não fui eleito para quebrar o Brasil."

24/5/2003, ao comentar as críticas contra a política de juros do governo.

Quando o assunto é taxa de juros, os economistas cospem uma saraivada de números insondáveis para a maioria da população. "Especialistas" praticam uma futurologia digna da Mãe Dináh. Fazer previsão financeira no Brasil é mais arriscado que garantir se Ronaldo vai ou não aparecer no próximo treino do Corinthians.

Juros e impostos em alta, financiamento em baixa... Ser empreendedor no Brasil é aventura que requer paciência de enxugador de gelo. Mesmo assim, temos o que comemorar: no governo Lula, a taxa de juros – a famosa Selic – caiu pela primeira vez, em 13 anos, de dois para um dígito: 9,25%.

Por outro lado, temos muito o que lamentar: o Brasil continua no tenebroso pódio entre os três países com as maiores taxas de juros do mundo. Para explicar o inexplicável, Lula Economista gastou verbo e verba.

Países com maiores taxas de juros reais na economia global

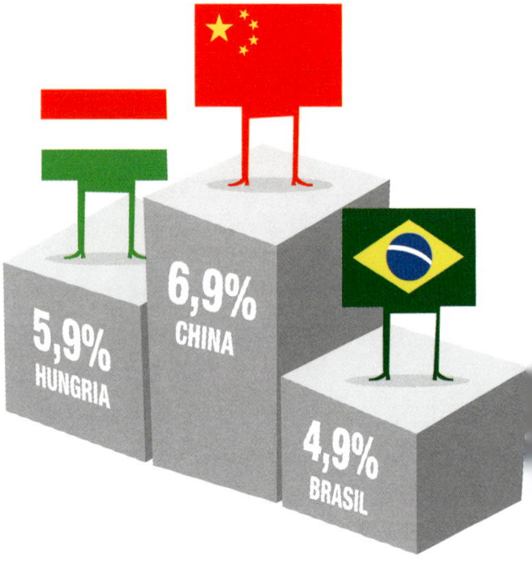

"Ele (o brasileiro) não levanta o traseiro da cadeira para buscar um banco mais barato. Reclama toda noite dos juros pagos e no dia seguinte não faz nada para mudar."

25/4/2005, durante solenidade de sanção da Lei que cria o Programa Nacional de Microcrédito Produtivo Orientado.

Debitando a culpa dos juros nos clientes, não na insaciável gula dos banqueiros.

"Eu não mexo na política econômica. Não tem volta. O caminho está tomado, e ponto final."

23/11/2004, em reunião com ministros do PT na Granja do Torto, reagindo às contestações do partido quanto à política econômica de Antonio Palocci.

Ponto final mesmo foi para o ministro Palocci, demitido por envolvimento na suposta quebra de sigilo bancário do caseiro Francenildo.

"Vocês não sabem o que é urucubaca."

10/10/2005, em Niterói (RJ), de bonezinho de capitão, em discurso para metalúrgicos do setor naval, criticando quem torce para que as coisas não deem certo no país.

Chega de análise macroeconômica! Foi encontrado o causador do entrave ao progresso nacional: o olho gordo.

LULA ECONOMISTA E A CRISE

No segundo semestre de 2008, o mundo acabou. Pelo menos na visão dos comentaristas econômicos. O capitalismo foi atirado a um limbo que nem Marx ou o PSTU sonhariam em seus mais ambiciosos delírios.

Adeus lucro, especulação, ciranda financeira, bolsas de valores etc.

Wall Street virou um novo muro das lamentações. Pego de surpresa, em plena tentativa de decolagem do PAC – Programa para Aceleração do Crescimento –, Lula Economista arriscou previsões otimistas, pessimistas e até surrealistas para a saída da crise. Tudo ao mesmo tempo agora, sem medo de ser feliz ou infeliz.

"Que crise? Pergunta para o Bush."

17/9/2008, durante entrevista coletiva no Palácio do Planalto, após quedas generalizadas nas bolsas mundiais.

"O Brasil, se tiver que passar por aperto, será muito pequeno."

29/9/2008, no programa quinzenal de rádio Café com o Presidente.

"Até agora, graças a Deus, a crise não atravessou o Atlântico."

22/9/2008, em Nova York, durante lançamento do programa Brasil Sensacional, da Embratur, e prestes a participar da 63ª Assembleia Geral da ONU.

"Nenhum país está a salvo da crise financeira, todos estão sendo contagiados."

8/11/2008, em São Paulo, durante encontro do G-20, que reúne as principais economias industrializadas e emergentes do mundo.

"Bush, meu filho, resolve a sua crise."

27/3/2008, durante o Fórum Empresarial Brasil-México, ao relatar suposto diálogo telefônico com o então presidente norte-americano, George W. Bush.

Ok, vamos supor que o diálogo telefônico aconteceu de verdade. Imagine agora a saia justa da tradutora ao lado do "cumpanhero" Bush.

"Lá, a crise é um tsunami. Aqui, se chegar, vai ser uma marolinha, que não dá nem para esquiar."

4/10/2008, mostrando sua vocação para trabalhar como "moça" do tempo.

"A crise é muito séria e tão profunda que nós ainda não sabemos o tamanho."

30/9/2008, durante reunião realizada em Manaus (AM) com os presidentes Hugo Chávez (Venezuela), Rafael Correa (Equador) e Evo Morales (Bolívia).

"Calma, Chávez. Se eu eleger a Dilma, esses acordos vão sair. Eu vou ser o presidente da Petrobras e você (Sérgio Gabrielli, presidente da estatal) será meu assessor."

31/5/2009, acalmando Hugo Chávez, presidente da Venezuela, que se queixava da demora na conclusão de acordos bilaterais para explorar petróleo em Salvador (BA).

Que terceiro mandato, que nada! Assim como a de Fidel, a ambição do ex-metalúrgico é a imortalidade.

"Não existe razão para ficar nervoso. Não há razão alguma para que alguém faça a loucura de aumentar a carga tributária."

16/12/2007, repreendendo o ministro Guido Mantega.

Mas a loucura foi tamanha que, em 2008, a carga tributária bateu novo recorde: 35,8% do PIB (Produto Interno Bruto). Maior que a de países como Estados Unidos, Suíça e Canadá.

"É preciso parar com a mania de achar que contratar gente para trabalhar para o Estado é inchaço de máquina."

1º/10/2007, contrariado com o veto do Congresso quanto à criação de uma nova secretaria de governo para o filósofo Mangabeira Unger.

É preciso também parar com a mania de achar que inchar a máquina é uma forma de combater o desemprego. A tal nova secretaria – que iria acomodar as ideias escalafobéticas do filósofo Mangabeira Unger, além de 600 funcionários – recebeu um nome tão enigmático quanto a sua existência: Secretaria de Planejamento de Longo Prazo. No curto prazo, ganhou um apelido: "Se Alopra!".

"Eu vou me dedicar até o dia 31 de dezembro para destravar o país. E não me pergunte o que é ainda, que eu não sei, e não me pergunte a solução, que eu não tenho, mas vou encontrar..."

21/11/2006, em discurso no Mato Grosso, logo após a reeleição, explicando o que iria fazer nos próximos quatro anos.

Como diz aquele *slogan* de refrigerante: "Lula Economista é isso aí!". Vamos orar para que Luiz Inácio atinja seus objetivos: encontrar o que não sabe e o que procura.

"Eu não sei nem falar direito a palavra (*investment grade*), mas, se a gente for traduzir isso para uma linguagem que os brasileiros entendem, o Brasil foi declarado um país sério."

30/4/2008, comemorando o *upgrade* conferido ao Brasil pela Standard & Poor's, a principal agência mundial de avaliação de riscos.

Fala baixo, presidente. Se o pessoal da Standard & Poor's resolve avaliar certos senadores e deputados da base aliada... a seriedade do Brasil vai para a cucuia.

"O FMI não enche mais o saco. Foi embora."

22/10/2006, durante a campanha para a reeleição, explicando que sanou a dívida externa do país.

Lula comemora a "saída" do FMI do Brasil, como se tivesse recebido o espírito do Super-Homem e expulsado Lex Luthor da face da Terra. Será que Mr. President não sabe que, nas histórias em quadrinhos, o vilão sempre volta?

"Vocês cobraram durante dez anos que o câmbio fosse flutuante. Agora querem que eu determine o valor da moeda?"

3/10/2005, defendendo a ortodoxia na política cambial.

Economista é mesmo um tipo do contra. Mas sempre com um olho no contracheque.

"A democracia é um ambiente mais saudável para o crescimento. Pouco me interessaria um aumento expressivo do PIB se isso implicasse, o mínimo que fosse, na redução das liberdades democráticas."

22/1/2007, no lançamento do Programa de Aceleração do Crescimento (PAC).

E se o aumento do PIB implicasse numa melhor gestão dos gastos do governo? Lula se interessaria pelo assunto?

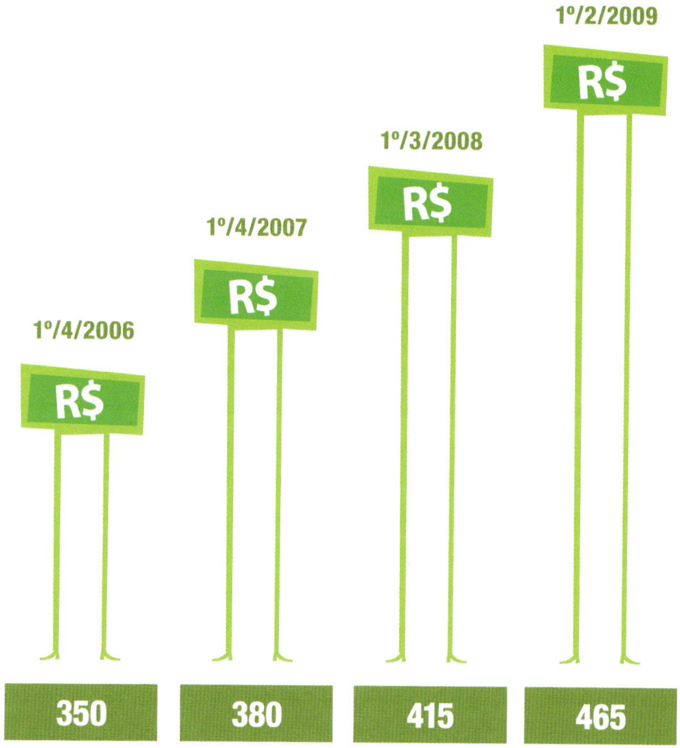

"O mínimo deveria ser de 1.100 reais se levasse em conta o valor real de 1939. Os que recebem o mínimo deveriam receber pedidos de desculpas."

Outubro de 1998, ainda com barba preta, muito antes de assumir o "abacaxi".

Ao longo de dois mandatos, reconheça-se, o salário mínimo recebeu atenção especial do presidente Lula. Mas quem recebe essa "fortuna" por mês está até hoje esperando o pedido de desculpas.

ENTREGAR PRA DEUS

Nos dois mandatos, o presidente usou e abusou do Todo-Poderoso. Definitivamente, concedeu cidadania brasileira para Deus. Lula Economista não só se colocou como emissário Dele, como ofereceu casa, comida, ações da Petrobras e roupa lavada para o Pai.

"Dentro de poucas décadas, em vez de falarmos de prospecção de óleo, falaremos de plantação de combustível."

8/3/2006, falando de seus poderes divinos à revista inglesa *The Economist*.

"O Palocci, que é médico, sabe que se reduzir a taxa de juros em 0,5 ponto, até minha bursite melhora."

29/10/2002, atribuindo poderes curativos divinos ao ministro da Fazenda.

"Deus passou por aqui e resolveu ficar! Porque a sorte aumenta a cada dia."

2/9/2008, em Vitória (ES), no Parque das Baleias, em discurso realizado na primeira extração da camada pré-sal.

"Alguém vai perder? Vai. Alguém vai pagar mais? Vai. Assim é a vida. Jesus Cristo foi crucificado para salvar a humanidade. Por que cada um de nós não coloca o seu sacrifício para salvar esse imenso Brasil que tanto precisa de nós?"

22/4/2003, em Vitória (ES), discursando para políticos, defendendo a tese de sacrifícios para a realização de reformas, que nunca vieram.

"O que não falta é gente pra botar defeito. Aconteceu um probleminha de gás no Rio de Janeiro: ah, acabou a energia do mundo!"

7/11/2007, acalmando consumidores apavorados com o apagão do gás durante a crise com a Bolívia, após a eleição de Evo Morales.

Depois de se livrar de petistas selvagens como Babá, Luciana Genro e Heloísa Helena, Lula teve de duelar com silvícolas de outras etnias, como o presidente Evo Morales, da Bolívia. Relação delicada, bombardeada por gases de efeito moral.

"Eu sei qual é o valor para uma mulher que recebeu um apartamento. Mesmo que pequeno, com 40 metros quadrados. Eu sei o valor da pessoa ter seu próprio ninhozinho."

29/5/2009, ao inaugurar parcialmente obras do PAC (Programa de Aceleração do Crescimento) no Rio de Janeiro.

O PAC é o filho predileto, o mais bajulado por Lula. Só que desde seu nascimento, em janeiro de 2007, até maio de 2009, apenas 15,1% das obras tinham sido concluídas. Seria o PAC um anão de circo ou uma criança com problemas de crescimento?

"Eu diria que este é o ano em que consertamos o Brasil."

20/8/2003, contrariando a tese do vice José Alencar, que afirmara que aquele seria um ano perdido na economia.

A personalidade de Lula Economista é parecida com a de um mecânico de automóvel. Ambos vivem jurando de pés juntos que resolveram de vez o barulhinho na rebimboca da parafuseta do carro. Mas o danado continua batendo pino.

“Meu avô João Grande era tão avarento que dava tiro nos meus irmãos que roubavam melancia dele.”

2008, em entrevista para o livro *Lula, o filho do Brasil.*

O jornal americano *The New York Times* disse que Lula era “pé de cana”. Mas justiça seja feita: “mão-de-vaca” era seu antecessor, Fernando Henrique Cardoso.

“Vocês fazem parte de uma minoria de 8 milhões que pagam imposto de renda. São privilegiados!”

26/4/2004, aos metalúrgicos do ABC sobre o pedido que lhe faziam para corrigir a tabela do IR. Seguiu-se uma estrondosa vaia...

Uuuuuuuuuuuuuuuuuuuuuuuuuuu-uuhhhhhhhhhhhhhhh!

“Capitalismo sem dinheiro não funciona. Aliás, nem socialismo... Agora, vão (os bancos) ter de emprestar, senão vai todo mundo para o vinagre.”

6/11/2008, mandando recadinho “sutil” para os banqueiros na reunião do Conselho de Desenvolvimento Econômico e Social.

Capitalismo sem dinheiro é como macarrão sem queijo e namoro sem beijo.

Lula
Filósofo

"Muitas pessoas, se tivessem controle emocional e consciência que seu corpo é mais leve do que a água, certamente não morreriam afogadas."

3/6/2003, em Congresso da CUT, filosofando para os aflitos que rogavam pela baixa dos juros.

Com um "controle emocional" digno de um Arquimedes tupiniquim, Luiz Inácio boiou incólume, por oito anos, sobre o mar de lama que tomou conta da Praça dos Três Poderes durante seu governo.

Luiz Inácio da Silva estudou Filosofia na duríssima Universidade do Sertão Nordestino. Nascido sem pai, na miséria absoluta, entre mais de uma dúzia de irmãos e agregados, flertou inicialmente com as ideias do Ceticismo e do Niilismo.

Aos quatro anos, ao ser mordido violentamente por uma égua – que o sacudiu e o arremessou pelos ares –, aderiu rapidamente ao Pragmatismo, filosofia que nunca mais abandonou.

Andou pela primeira vez de carro, um táxi Chevrolet, com sete anos. No Senai, aos 15, aprendeu a fabricar automóveis. Aos 18 anos, virou torneiro mecânico e foi atraído pelas promessas do Marxismo. Depois se rendeu ao Materialismo, quando comprou seu primeiro possante, um Volkswagen TL azul-calcinha, com o qual conquistou Marisa Letícia, sua segunda mulher e futura primeira-dama do Brasil.

Rapidamente, a popularidade do operário-filósofo disparou e alcançou os salões da intelectualidade paulista. Bajulado por figurões da Escola de Frankfurt, encantou esquerdoides chiques com tiradas filosóficas onde misturava luta de classes, alguns palavrões e a eterna má fase do Corinthians.

Depois de tentar em vão, por duas décadas, unir pessoas e ideias em torno de uma causa, o Petismo, Luiz Inácio jogou a toalha. Abriu mão da ideologia e resolveu fundar sua própria filosofia de vida: o Lulismo. Com ela sobreviveu na Presidência, com a popularidade nas nuvens, nas duríssimas condições climáticas de temperatura e pressão do Planalto Central, que já destruíram tantos outros filósofos, como JK, Jânio e Collor, que se aventuraram pelo mesmo tipo de viagem na maionese.

"Quando a gente fala de improviso, a gente pode cometer um erro e falar uma palavra imprevista. Mas, em se tratando de bobagem, é melhor a gente falar do que a gente fazer."

19/7/2005, a uma plateia de estudantes da Universidade Federal de Pernambuco, relativizando suas pisadas no tomate quando improvisa nos discursos.

Sem o precioso embasamento filosófico acima, este livro que você tem em mãos simplesmente não existiria.

"É como se você fosse a um baile e tivesse 30 mulheres e 100 homens. Ou seja, a chance de dançar uma musiquinha é bem pequena."

24/10/2007, em reunião com os maiores empresários do país, explicando a complexidade do mercado mundial com uma metáfora de salão de chá-dançante.

Outro grande filósofo brasileiro, Vicente Matheus, ex-presidente do Corinthians, daria o mesmo recado com outras palavras: "Quem sai na chuva é pra se queimar".

"A política é como uma boa cachaça: você toma a primeira dose e não tem como parar mais. Só quando termina a garrafa."

2008, em entrevista para o livro *Lula, o filho do Brasil*.

Essa autêntica filosofia de botequim só deixa uma dúvida: qual é o tamanho da garrafa de Lula?

"Às vezes um passinho aqui... outro passinho ali... são mais sólidos do que um grande passo que lhe dá uma distensão muscular e você não consegue dar o segundo passo."

17/5/2004, em Goiânia (GO), tentando explicar a lentidão do crescimento econômico e da queda no desemprego.

FHC, com seu bíceps de professor da USP e cérebro de Maquiavel, tem uma fala bem enrolada. Já Lula fala a língua da galera. Se as frases deste são fáceis de entender, difícil é se conformar com elas. Aí mora a complexidade filosófica lulista.

"Trabalhar com a verdade é muito melhor. A desgraça da mentira é que, ao contar a primeira, você passa a vida inteira contando mentira para justificar a primeira que contou."

17/7/2005, na França, mandando um recado filosófico para os "cumpanhero" do PT envolvidos no Mensalão.

Essa pérola de sabedoria merece um lugar de honra no livro de memórias do ex-guerrilheiro Zé Dirceu.

"Uma galinha, por mais que ela saiba que precisa botar ovo para ter mais pintinhos, ela bota um de cada vez."

21/3/2006, na Bahia, por ocasião da retomada das obras do PAC no metrô de Salvador.

Quando tenta explicar atrasos no Programa de Aceleração do Crescimento (PAC), Lula Filósofo recorre a metáforas tão profundas quanto os rombos nos cronogramas e orçamentos das obras.

"É como se esse palco fosse um grande ovo cheio de pintinhos... Esse curso fez vocês quebrarem a casca do ovo e aparecerem para o mundo."

25/9/2004, na cerimônia de formatura dos alunos do curso de alfabetização do Sesi, no Rio de Janeiro (RJ).

A insistência em metáforas galináceas parece confirmar a preferência de Lula pelo clima churrasqueiro e rural da Granja do Torto à imensidão gelada de vidro e concreto do Palácio da Alvorada.

"Tem gente que levanta reclamando da vida, vai dormir reclamando da vida, sonha com coisa ruim e acorda de mau humor."

19/7/2005, pregando o otimismo como solução para a economia do país melhorar.

A frase descreve bem o próprio Lula, fechado e carrancudo, antes de se tornar presidente. Certo mesmo estava o falecido filósofo-deputado Ulisses Guimarães, que uma vez disse: "Não existe nada mais afrodisíaco que o poder".

"Tive de esperar nove meses para nascer. Depois, 11 meses para andar. Depois, 12 meses para aprender a falar papai e mamãe. Por que vou fazer as coisas com pressa?"

4/4/2003, em discurso para metalúrgicos do ABC paulista.

Parece um aviso para a nação tirar o cavalinho da chuva quanto às promessas de reforma fiscal, partidária e da Previdência.

"Poucas vezes o português foi tão entendido quanto em Davos, porque a palavra universal não é o inglês ou o português. A palavra universal é o sentimento."

27/6/2003, poetando sobre sua performance no Fórum Econômico Mundial em Davos, na Suíça, para "cumpanheros" vereadores e deputados estaduais do PT.

Nunca antes na história daquele país, a Suíça, os tradutores tiveram tanto trabalho. Infelizmente, para nós, Bush, Blair e a Comunidade Europeia não foram sensíveis ao blá-blá-blá.

"Todo mundo tem o direito de ser contra, a favor ou muito pelo contrário."

6/5/2003, na abertura da 44ª reunião da Frente Nacional de Prefeitos.

A frase tem um rigor filosófico que mereceria figurar no *Tratado lógico* do alemão Ludwig Wittgenstein. Agora, se isso serve para alguma coisa, são outros 500... anos!

"O salário mínimo nunca será o ideal porque ele é mínimo."

30/1/2006, em seu programa semanal de rádio Café com o Presidente.

Um passinho mais à frente, Lula Filósofo poderia perguntar: o salário é mínimo porque é ideal ou é ideal porque é mínimo?

"Eu não sabia!"

Frase-símbolo da filosofia Lulística, proferida em vários momentos da sua presidência.

Virou bordão do escândalo do Mensalão (2005), mas foi usada amiúde em momentos mais frugais. Como no evento que transformou a Secretaria da Pesca em Ministério (2009). Durante a solenidade que reunia autoridades nacionais e de Santa Catarina, o presidente foi informado de que as obras do porto de Itajaí estavam inacabadas. Simplesmente disparou o bordão: "Eu não sabia!". No mesmo instante, seguiu-se outra frase corajosa e lapidar:

"O Brasil foi construído para não funcionar."

26/6/2009, em Itajaí, litoral norte de Santa Catarina, enquanto assinava a promulgação da nova Lei da Pesca e da criação de um novo ministério para o setor.

Resta-nos filosofar: quem constrói (ou quem destrói) o Brasil? Aposto que se aqui e agora vivesse Sócrates (Grécia, século V a.C.), outro colega filósofo do presidente, responderia: "Só sei que nada sei".

"Ler é como ter uma esteira (ergométrica) no quarto. No começo, a gente tem preguiça de andar, mas depois que começa toma gosto pelo exercício e não quer parar mais."

15/5/2004, na abertura da 18ª Bienal Internacional do Livro de São Paulo.

Bonito... O presidente, que já se jactou de ter uma mãe que "nasceu analfabeta", desta vez dá um depoimento de estímulo à leitura. O problema é a frase a seguir que Lula disse no mesmo evento:

"Tenho uma preguiça desgramada (*sic*) de andar em esteira e de ler livros."

15/5/2004, na abertura da 18ª Bienal Internacional do Livro de São Paulo.

Será que este ele vai ler?

"O governo tenta fazer o simples, porque o difícil é difícil."

17/6/2004, na 1ª Conferência Nacional do Esporte.

Te cuida, Confúcio!

Lula
Marqueteiro

"Ninguém neste país tem mais autoridade moral do que eu para fazer o que precisa ser feito."

21/6/2005, discursando em Luziânia (GO).

Para a humildade do presidente e a barriga do Ronaldo não há terapia que dê jeito.

“Marqueteiro” é palavra com duas caras. Significa: profissional que trabalha em marketing – ato de negociar, vender... – e, dependendo da ocasião e da entonação, é termo pejorativo para apontar aquele que “vende” uma boa imagem de si próprio, o tempo todo.

Jornalistas atribuem as vitórias de Lula nas eleições presidenciais a Duda Mendonça – marqueteiro baiano que sabe, como poucos, viver plenamente os dois lados dessa palavra. Tremenda injustiça: dar a Duda o que é de Lula!

Luiz Inácio é especialista em marketing desde criança, quando vendia amendoins na fila da balsa de Santos. Depois, tirou PHD no ABC, negociando greves entre sindicatos e patrões. Finalmente, concluiu seu MBA reinando por décadas, como uma Elizabeth do agreste, sobre os “cumpanhero” do Partido dos Trabalhadores, um saco de gatos de correntes ideológicas em guerra permanente.

Comparado a Lula, Duda ainda não saiu do jardim de infância da publicidade. Lembra-se do comportamento de ambos no Mensalão? Lula nem piscou. Duda gaguejou, chorou e ajoelhou no milho diante das câmeras da CPI. No quesito marqueteiro, Lula é o Duda Mendonça de si mesmo.

“Se quiserem brincar com a democracia, eles sabem que neste país ninguém sabe colocar mais gente na rua do que eu.”

31/7/2007, desafiando o Galo da Madrugada, bloco que coloca 1,5 milhão de pessoas nas ruas de Recife durante o Carnaval.

Sem dúvida, Lula é especialista em colocar gente na rua. Pós-graduado em comício, sabe como ninguém fazer “carnaval” na hora de vender o que fez, o que fará e, até mesmo, o que não vai fazer nem que a vaca tussa.

“Vamos para o sacrifício democrático.”

2/6/2009, na cidade da Guatemala, ao chegar para coletiva de imprensa.

Lula adora falar com a imprensa. Só não gosta daquela parte desagradável da entrevista quando tem de ouvir as perguntas.

"Ninguém neste país tem mais ética que nosso partido. Tem gente igual a nós, mas não admitimos que tenha melhor."

1º/9/2007, durante o 3º Congresso Nacional do PT.

No dia em que o PT mais precisava tomar "simancol", Lula distribuiu ração caprichada de confete e tapinha nas costas dos "cumpanhero". Deu no que deu. E no que dará.

"Meu sucessor vai ter um problema sério: terá de fazer mais que um metalúrgico. Não poderá passar à História como alguém que fez menos que um torneiro mecânico."

8/9/2008, em entrevista ao jornal argentino *Clarín*.

Com popularidade em alta e na falta de um concorrente no mundo real, Lula parte para o confronto direto com o futuro presidente do Brasil. Tudo isso, dois anos antes das eleições que definiriam seu sucessor!

“Com relação à minha pessoa, a única coisa que peço a Deus é que, quando terminar tudo isso, aqueles que me acusaram peçam desculpas. Só isso: peçam desculpas.”

1º/1/2006, em entrevista a Pedro Bial, no Fantástico.

Ok, desculpa aí qualquer coisa, presidente! Agora, diga quem vai nos pedir desculpas: pelo Mensalão, por 1 milhão de moradias populares e 10 milhões de empregos prometidos e não cumpridos, pelo sigilo quebrado do caseiro Francenildo, pela arrogância de Zé Dirceu, pelos dólares na cueca do irmão do Genoíno e pelo apoio incondicional do seu governo ao coronelismo truculento de José Sarney? Quem vai pedir desculpas por isso, hein, presidente?

“Vou fazer um desafio: que vocês aprendam a vender mais do que reclamar.”

27/1/2004, falando a empresários que o acompanhavam durante visita à Índia.

De uma coisa ninguém duvida: Lula sabe vender seu peixe. Tão bem que um dia nos convenceu da necessidade da criação do Ministério da Pesca. Até hoje, alguém sabe qual é o nome do ministro da Pesca? Ou que peixe ele pescou durante os oito anos do governo Lula?

"O Brasil não é do Lula, o Lula é que é do Brasil."

4/4/2003, na inauguração de uma nova linha de produção da Alunorte (PA).

Aposto uma pinga que esta frase frouxa não é do Lula, mas do marqueteiro dele, o Duda Mendonça. O mesmo que tentou nos convencer de que "Maluf faz bem".

"Não pensem que vocês fizeram pouca coisa na história da humanidade, não. Possivelmente, o cidadão que votou em mim ainda não tem consciência do gesto dele."

3/9/2004, falando para empresários na inauguração da fábrica da Cobrasma, em Osasco (SP).

Para o cidadão tomar consciência do gesto dele, Lula usou a máquina de propaganda do governo como nunca "na história da humanidade".

"Dar continuidade ao que outros governos começaram, isto para mim é elogio."

22/5/2003, no programa partidário do PT na televisão.

A frase é de uma sinceridade comovente. De fato, Lula deu continuidade a coisas que FHC começou. Por exemplo: a estabilização da economia e o investimento em publicidade. Foi o tucano quem inventou o truque de reservar verbas à Presidência da República para fazer propaganda de si mesmo sem prestar contas ao Congresso.

Lula foi além. Em 2005, véspera da campanha da reeleição, quando a lei ainda não restringia gastos com publicidade, o ex-metalúrgico se tornou o segundo maior anunciante do Brasil! Superou FHC, as montadoras de automóveis e os bancos privados.

Maiores anunciantes do Brasil (*)

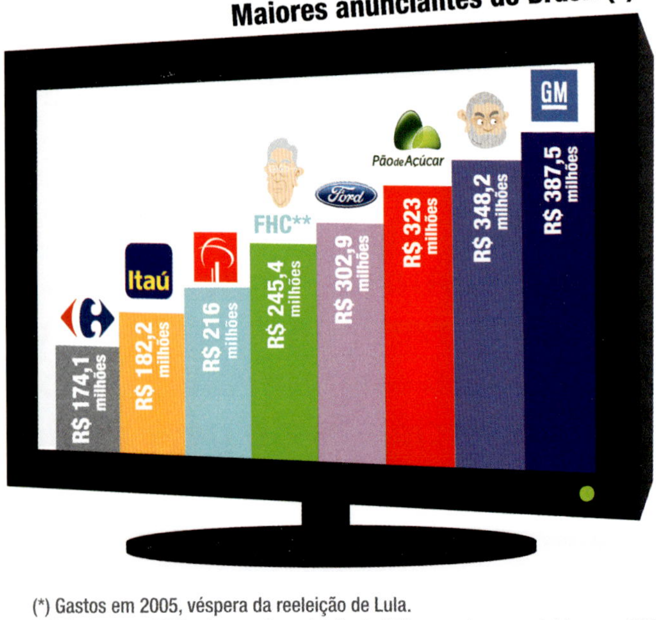

(*) Gastos em 2005, véspera da reeleição de Lula.
(**) Gastos em 1997, véspera da reeleição de FHC, em valores corrigidos para 2005.
Fonte: Agência Estado

"Não falarei mal de nenhum candidato, de nenhum governo, de nenhuma pessoa... Agora, digo o seguinte: não levarei desaforo para casa!"

9/8/2006, avisando os concorrentes no início da campanha eleitoral.

Trata-se de uma técnica de combate eleitoral, conhecida entre os "cumpanhero" por: "Cospe aqui se tu é macho!".

"Com ódio ou sem ódio, eles vão ter que me engolir outra vez."

3/8/2005, discursando na cidade natal, Garanhuns (PE).

Neste dia, provavelmente os marqueteiros que inventaram o "Lulinha Paz e Amor" estavam de férias.

"Como o Brasil está na UTI, eu coloquei um médico para ser ministro da Fazenda."

10/12/2002, referindo-se a Antônio Palocci, que é médico, e foi ministro do governo Lula.

A frase de efeito é bem bolada. O que ninguém esperava é que o médico fizesse uma intervenção cirúrgica bancária para quebrar o sigilo de um caseiro de Brasília. Palocci se enrolou sozinho na camisa de força, perdeu o cargo e o hospital virou um hospício.

"Não quero mais ficar me comparando com o Fernando Henrique. Agora quero me comparar comigo mesmo."

25/10/2006, em entrevista a rádios, em Brasília, após vencer as eleições e conquistar o segundo mandato como presidente da República.

Depois de passar a vida toda se comparando ao intelectual do PSDB, Lula puxa a peixeira e decide enfrentar adversário muito mais casca grossa que FHC: ele mesmo.

"Acho que, de vez em quando, Deus castiga um pouco o Brasil. Onde está o castigo? Num determinado setor da classe política brasileira que eu, que o povo vai consertar."

4/4/2003, na inauguração de uma nova linha de produção da Alunorte, no Pará, criticando uma parte da classe política brasileira.

Lula promete consertar tudo, até o que Deus fez de errado. Aqui diz que vai "consertar" os políticos brasileiros, categoria na qual ele e seus principais aliados – como José Sarney – estão no topo da cadeia alimentar.

"O cidadão que senta num restaurante chique e dá 50 reais de gorjeta para o garçom não tem dimensão do que uma mãe de família pobre faz com 50 reais. A multiplicação dos pães de Cristo era isso: dinheiro nas mãos das pessoas necessitadas."

27/3/2008, discursando sobre o Bolsa Família em Recife (PE).

Agora, sim. Lula se compara com uma figura à altura de sua humildade: Jesus Cristo.

"Desde que o Brasil foi descoberto, ninguém fez mais pelos pobres da Bahia do que nós estamos fazendo."

20/2/2006, discursando em Salvador (BA).

O plural da frase indica que o presidente divide a sua modéstia – de quem só não ensinou perereca a pular – com um ex-adversário que as circunstâncias transformaram em aliado: Antônio Carlos Magalhães, coronel da política baiana, vulgo Toninho Malvadeza.

"Não queira que, em quatro anos, eu conserte o que vocês fizeram de errado em quatro séculos."

8/10/2006, se dirigindo a Geraldo Alckmin, adversário na corrida presidencial, em debate na Band.

O Alckmin tem cara de múmia. Mas ninguém imagina que ele está na política há tanto tempo: 400 anos!

"Qualquer governante deste país pode ganhar as eleições e não cumprir aquilo que prometeu porque é apenas mais um e o povo já sabe. Nós não podemos."

28/10/2002, em discurso na avenida Paulista logo após a divulgação de sua vitória na eleição.

As duas votações que elegeram Lula presidente não deixam dúvidas da simpatia do eleitor pelo ex-metalúrgico. Se os números refletem propostas e promessas cumpridas são outros 500... anos.

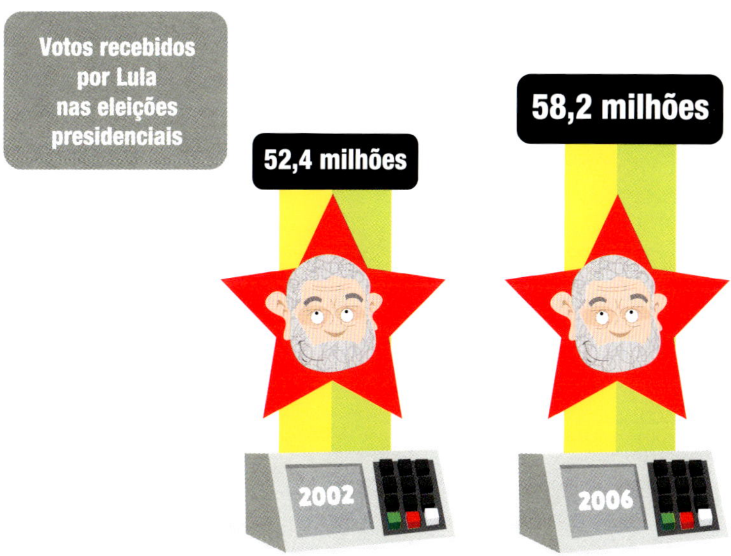

"Neste país de 180 milhões de brasileiros pode ter igual, mas não tem nem mulher nem homem que tenha coragem de me dar lição de ética, de moral e de honestidade."

22/7/2005, Discursando no Rio de Janeiro.

E de humildade, tem alguém aí com coragem para dar essa lição ao presidente?

"Algumas pessoas, que fazem infâmia todo santo dia, têm de lavar a boca antes de falar de mim."

22/7/2006, durante a campanha para a reeleição.

Para dezenas de milhões de brasileiros, Lula é santo. O presidente deveria editar uma Medida Provisória indicando quantos padre-nossos e ave-marias o pecador infiel deve rezar ao invocar o santo nome dele em vão.

"A sorte tua, Nazareth, é que eu sou um cara bonito."

2002, para a maquiadora que o atendia na produtora de Duda Mendonça nas gravações do Horário Eleitoral Gratuito, a 14 dias do segundo turno.

Sorte da Nazareth, azar do espelho.

“Eu jamais deixarei de andar de cabeça erguida diante do povo brasileiro... Porque irei dormir todo santo dia com a consciência tranquila de que cumpri o meu dever.”

28/10/2002, em discurso na avenida Paulista, na noite de sua vitória nas eleições presidenciais.

Durante seu mandato como presidente, Lula andou tanto com a cabeça erguida que acabou pisando na bola outras tantas vezes.

“Cheguei à Presidência para fazer as coisas que precisavam ser feitas e que muitos presidentes antes de mim foram covardes e não tiveram coragem de fazer.”

30/10/2003, em discurso em Campina Grande (PB).

Verdade. Do Oiapoque ao Chuí, nunca na história deste país a verba publicitária circulou tão ampla, alta e solta. Em 2003, 182 municípios eram atingidos pela propaganda do Planalto. Em 2008, esse número disparou para 1.149 cidades. Aumento de 531%. Nem Duda teria tanta coragem.

Propaganda federal

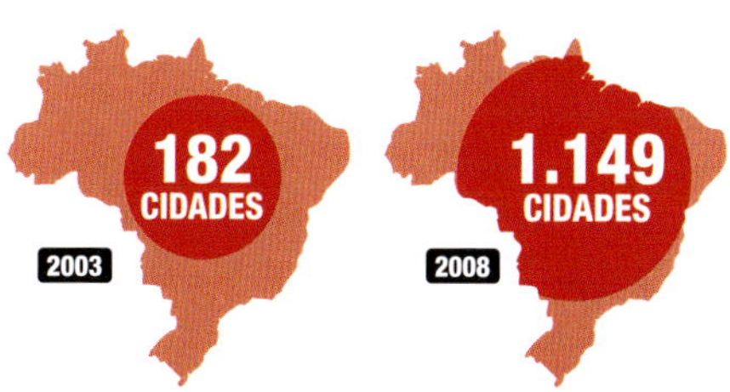

Lula

Metamorfose Ambulante

"Eu prefiro ser uma metamorfose ambulante: mudar de acordo como as coisas mudam."

5/12/2007, no lançamento do PAC Saúde, justificando a defesa da CPMF – imposto que antes, na oposição, atacava ferozmente.

1945: aos 27 dias de outubro, em Garanhuns (PE), nasce Luiz Inácio da Silva. No mesmo ano, mais embaixo, em Salvador (BA), nasce Raul Santos Seixas, o "Maluco Beleza", pioneiro do rock brasileiro.

1968: no ABC paulista, aos 23 anos, Luiz Inácio dá o primeiro passo para se tornar Lula: entra para o Sindicato dos Metalúrgicos. Raul Seixas, já no Rio de Janeiro, lança o primeiro disco de sua banda: "Raulzito e seus Panteras", um fracasso retumbante.

1973: Lula entra para a diretoria do Sindicato. Raul Seixas encontra um novo parceiro, o mago Paulo Coelho, e lança seu primeiro álbum solo: "Krig-ha, bandolo", um sucesso instantâneo. Na faixa mais tocada do disco, a profecia do caráter indelével do futuro presidente Lula: *Metamorfose ambulante.*

Metamorfose ambulante

(Raul Seixas, 1973)

Eu prefiro ser
Essa metamorfose ambulante
Eu prefiro ser
Essa metamorfose ambulante
Do que ter aquela velha opinião formada sobre tudo

Eu quero dizer
Agora o oposto do que eu disse antes

Eu prefiro ser
Essa metamorfose ambulante
Do que ter aquela velha opinião formada sobre tudo

Se hoje eu sou estrela
Amanhã já se apagou
Se hoje eu te odeio
Amanhã lhe tenho amor...

Eu sou um ator...

Eu vou desdizer
Aquilo tudo que eu lhe disse antes

Eu prefiro ser
Essa metamorfose ambulante

“Eu não mudei ideologicamente. A vida é que muda. A cabeça tem esse formato justamente para as ideias poderem circular.”

27/5/2003, tentando explicar, a correspondentes estrangeiros, as novas ideias que passou a defender depois de eleito presidente.

Lula, sem dúvida, tem a cabeça redonda. E bota redonda nisso. Segundo ele próprio, devido a carregar peso demais sobre o cocoruto quando jovem. O que provavelmente também causou, como efeito colateral, além do troca-troca permanente de conceitos e valores, o pescoço curto do presidente.

“Se você conhecer uma pessoa idosa esquerdista, é porque ela está com problema. Se você conhecer um jovem de direita, é porque ele também está com problema.”

11/12/2006, aos 61 anos, dizendo ter atingido a maturidade do centro.

Difícil vai ser explicar isso ao “cumpanhero” Fidel Castro. O ditador cubano, ao contrário de Lula, não é uma “metamorfose ambulante”. Mantém Cuba congelada num esquerdismo boina e barba desde a década de 1960.

“Dizem que o vermelho está sumido da campanha do PT. O vermelho sou eu!”

28/8/2006, discursando na campanha presidencial pelo segundo mandato, em evento do PT, em São Paulo.

Para quem não gostava de ser rotulado de “esquerdista”, o que significa esse súbito afeto do presidente pelo vermelho? Vocação para “Papai Noel” da base aliada?

"Gostaria de pedir aos companheiros da gloriosa Liga Operária, que de operário mesmo que é bom..."

21/4/2003, ironizando manifestantes da facção esquerdista Liga Operária, que atrapalhavam, com faixas e palavras de ordem, o discurso presidencial em Ouro Preto.

... não tem nada! O presidente produz uma pérola de preciosa sinceridade. Por experiência própria, Lula sabe que sindicalistas, principalmente os gritadores profissionais, pegam muito pouco no batente.

"Passei 20 e poucos anos o criticando. Agora o Delfim Netto é meu amigo e eu sou amigo dele. Acho que é a evolução da espécie humana."

11/12/2006, aos 61 anos, dizendo ter atingido a maturidade do "centro".

Sim, certamente Charles Darwin concordaria com o presidente. A Teoria da Evolução do pesquisador inglês diz o seguinte: só sobrevivem os mais adaptados ao meio ambiente. Como sobreviver no Planalto Central, um ecossistema habitado por predadores como a megarrã Jader Barbalho ou o tiranossauro rex Zé Sarney? Só mesmo "evoluindo" como fez o "animal político" Luiz Inácio.

Delfim, a mega-ameba de óculos, também é prova viva dessa "evolução" de Lula. Antes, no governo militar, servia como ministro à ditadura. Depois, com os petistas no poder, declarou que o ex-operário "salvou" o capitalismo brasileiro e que seu ex-inimigo político era o "único" economista vivo do país.

ECOSSISTEMA DO
PLANALTO
CENTRAL

MEGA-AMEBA
DELFIM

T-REX
SARNEY

MEGARRÃ
BARBALHO

“Você pode fazer seu discurso político na hora que quiser. Você pode ter suas definições ideológicas... Mas, na hora de governar, é pão, pão; queijo, queijo. Você nem sempre faz o que você quer.”

30/10/2003 , em discurso no Fórum Empresarial Mercosul-União Europeia, em Brasília.

Verdade. Todos sabemos que Lula não gostaria de copiar a política “neoliberal” de FHC, não queria alimentar com cargos e obras os répteis gulosos da banda podre do PMDB e até não escolheria usar nesta frase esse tempo verbal: o futuro do pretérito.

Pois é. Mas acontece.

No Brasil, mesmo para quem está acostumado a comer preá, mocotó ou buchada de bode, na hora do “vamo vê”, o cardápio é sempre o mesmo: “pão, pão; queijo, queijo”.

“Estou cansado desse nhe-nhe-nhem do PT.”

12/3/2007, irritado com as cobranças públicas do partido por maior participação no ministério.

Não, caro leitor, não é erro de revisão. A frase é de Lula, não de Fernando Henrique Cardoso, o “inventor” do nhe-nhe-nhem!

"Passei parte da vida achando que o Aznar era conservador. Ele achando que eu era esquerdista. Depois de nos encontrarmos duas vezes, nem ele é tão conservador nem eu sou tão esquerdista."

29/10/2003, durante encontro com o primeiro-ministro espanhol, José Maria Aznar.

Assim como os sabonetes e os automóveis, os governantes também estão se globalizando. Embalados pelo mercado e pelas pesquisas de opinião, ficam cada vez mais parecidos e não fedem nem cheiram.

LULA, SARNEY, COLLOR E O DEMÔNIO DO ETERNO RETORNO

E se um dia o demônio aparecer e te disser: "Esta vida como você a vive agora e como a viveu antes, terá de vivê-la ainda uma vez e outras inúmeras vezes"?

Se esta formulação do mito do "Eterno Retorno", do filósofo alemão Friedrich Nietzsche, não tivesse sido escrita mais de um século antes, poderia ter sido claramente inspirada na relação esquizofrênica entre Lula, Sarney e Collor.

A volta assombrosa dos dois ex-presidentes ao Senado obrigou Lula Metamorfose Ambulante a morder o próprio rabo.

Nem uma convenção de astrólogos daria conta de decifrar o cruzamento dos destinos desses três seres humanos, demasiadamente humanos. Pensando bem, analisar essa caixa-preta de frases é tarefa mais apropriada para psiquiatras faixas pretas ou comentaristas esportivos – categorias profissionais que sabem que: "Uma coisa é uma coisa, outra coisa é outra coisa".

“Se disputasse uma eleição, os votos do Sarney não dariam pra encher um penico.”

1983, em São Paulo, discursando no primeiro comício pelas Diretas.

“Não há diferença entre o governo Sarney e o governo Figueiredo.”

25/2/1986, comparando o início do governo Sarney com o antecessor, comandado pelo general Figueiredo, o derradeiro da longa ditadura militar que se iniciou em 1964, que, é bom lembrar, Sarney apoiou.

“Sarney não vai fazer reforma agrária coisa nenhuma, porque ele é grileiro no estado do Maranhão e não vai querer entregar as terrras que tomou dos posseiros.”

22/7/1986, comentando com sutileza de elefante a maneira como Sarney controla sua terra natal.

"Uma coisa eu tenho tranquilidade, Sarney: nunca lhe ofendi."

2006, durante vistoria presidencial às obras da ferrovia Norte-Sul, no Maranhão, na presença do senador José Sarney.

Perdão, presidente. Se depender dos registros históricos, sua tranquilidade vai para as cucuias. Veja o que Lula já disse sobre Sarney, senador pelo Amapá, rei do Maranhão.

"Qualquer governo, comparado ao de Sarney, será socialista, tal a mediocridade de sua administração."

4/12/1986, em mais uma crítica sutil a seu futuro aliado.

"Adhemar de Barros e Maluf poderiam ser ladrões, mas são trombadinhas perto do grande ladrão que é o governante da Nova República."

1987, se referindo ao presidente Sarney, que havia cunhado o termo "Nova República" para seu governo.

"Sarney tem história no Brasil suficiente para que não seja tratado como se fosse uma pessoa comum".

17/6/2009, ao embarcar para o Cazaquistão, Lula confirma o que já sabíamos: Sarney é diferente. Senão como teria apoiado todas as correntes políticas, só para mamar nas tetas do poder, desde a ditadura até o governo do petista? O cara é mesmo super-hipermegaespecial-diferentão-pra-caramba, mesmo.

"Não é problema meu, não votei no Sarney... para ser presidente do Senado. Nem votei para ele ser senador no Maranhão"

30/7/2009, em entrevista na Fiesp, sutilmente pulando fora do barco de José Sarney, que começava a afundar.

Realmente, Lula não votou no Sarney. Nem eu, nem você, nem mesmo o povo do Maranhão. O bigodudo foi eleito pelo distraído e generoso eleitor do Amapá.

"Eu tenho consciência de que o Maluf, o Collor e outros são inimigos dessas ideias... do compromisso que eu tenho nos chamados 'setores mais pobres'."

Depoimento para o livro *Lula, o filho do Brasil*, colocando Collor e Maluf no mesmo saco.

"Collor foi vendido durante meses como um produto industrial, um sabonete."

9/12/1989, analisando a votação expressiva de Collor no primeiro turno das eleições presidenciais.

O embate eleitoral Lula X Collor não ficou só no marketing ou em acusações verbais. A peleja descambou para luta-livre que o próprio Fernando Collor definiu assim: "Lula não comanda um partido, mas uma horda de delinquentes" (2/12/1989).

"Com a experiência de presidente da República, Collor vai certamente fazer um trabalho excepcional no Senado."

2/10/2006, em Brasília, em entrevista coletiva após os resultados oficiais do primeiro turno das eleições.

Collor é mesmo um ser humano "excepcional". Com a ajuda do seu antigo escudeiro Renan Calheiros, jogou para escanteio a petista Ideli Salvatti e se tornou presidente da Comissão de Infraestrutura do Senado, responsável pela supervisão das obras do PAC do governo do ex-inimigo político. Aliás, Collor e Lula desfrutam de uma visão de fazer inveja ao Super-Homem, para desespero de petistas ingênuos e engolidores de sapo, como o líder Aloisio Mercadante, que saiu do episódio com o bigode chamuscado e cada vez mais parecido com o do maranhense José Sarney.

"Vem cá, me dê um abraço. Você derrotou o Collor!"

17/1/2003, a Ronaldo Lessa, que havia vencido o ex-presidente Collor nas eleições para governador em Alagoas.

Parece óbvio que Luiz Inácio deveria odiar Fernando Collor. Afinal, este o derrotou nas eleições presidenciais de 1989 com truques baixos, como colocar uma ex-namorada acusando Lula, no horário eleitoral, de ter proposto o aborto da filha.

Mas as ambições do poder são mais fortes que as dores do passado. Veja como Lula Metamorfose Ambulante recebe a notícia de que o ex-presidente Collor foi eleito senador por Alagoas nas eleições de 2006:

"Quero fazer justiça ao senador Collor e ao senador Renan (Calheiros), que têm dado sustentação ao governo em seu trabalho no Senado."

15/6/2009, no palanque em Palmeira dos Índios (AL), em mais uma inauguração do PAC.

Collor chegou a Palmeira dos Índios como convidado especial, no avião presidencial. Sobre o palanque, teve direito a afagos verbais e a um abraço suado e caloroso do presidente.

Muitos "cumpanhero" se sentiram injustiçados com essa "justiça" feita a Collor e a Renan, a dupla dinâmica da inesquecível e alucinada "República de Alagoas".

"Você, Babá, se não falasse mal do governo não sairia nem na *Gazeta do Pará*. Sai no Jornal Nacional porque ataca o governo."

29/4/2003, sobre as declarações contrárias ao governo do deputado petista Babá.

Resumindo, Lula disse o seguinte: "Você, Babá, sou eu, ontem."

"É uma hipocrisia essa discussão sobre os salários na Câmara... Faça um levantamento da história do Congresso e veja se algum dia foi diferente. Sempre foi assim."

Maio de 2009, ao defender o Congresso no escândalo da Farra das Passagens Aéreas.

O próprio Lula, em setembro de 1993, então dirigente do PT, disse: "Há uma maioria de 300 picaretas no Congresso que defendem apenas seus próprios interesses". Quem mudou: os "picaretas", Lula, todo mundo ou ninguém?

“Se for eleito, resolverei o problema da reforma agrária com uma canetada.”

1998, em campanha contra FHC, nos tempos heroicos de barbudo ranzinza queridinho do MST.

"Traidor", essa foi a avaliação dada a Lula pelo MST, ao final de seus dois mandatos no poder. Por outro lado, usou a tal caneta para bater recorde em Medidas Provisórias, as famigeradas MPs, que atacava ferozmente quando militava na oposição a Fernando Henrique Cardoso.

Lula

Ser Humano

"Minha mãe era uma mulher que nasceu analfabeta!"

8/3/2004, discursando no Dia Internacional da Mulher.

Certamente, presida, sua mãe nasceu analfabeta, desdentada, com pouco cabelo e chorando de fome. Afinal, como a mãe de cada um de nós.

Apesar de ser cotado nas pesquisas de popularidade como uma autêntica reencarnação do santo "Padim Ciço", Lula é um ser humano, claro. Só que um tipo de ser humano que o filósofo alemão Nietzsche definiria como: "humano, demasiado humano".

A classificação não se refere a nenhuma teoria muito complicada. Nem faz alusão aos calafrios da alma que o presidente deve enfrentar nas madrugadas áridas do Palácio da Alvorada.

Falo do Luiz Inácio, ser humano de carne, osso e barriguinha de chope, que carrega dentro de si o recheio do pastelão que é frito na panela oleosa da TV brasileira todos os domingos.

Começam agora, ao vivo, para todo país, as videocassetadas do Lulão: "Ô lôco, meu!".

"Estou vendo daqui 'cumpanheros' portadores de deficiência física. Estou vendo o Arnaldo Godoy sentado, tentando me olhar, mas ele não pode porque é cego. Estou aqui à tua esquerda, viu, Arnaldo! Isso... agora você está olhando pra mim."

27/6/2003, em discurso no Palácio do Planalto quando recebia uma delegação de deficientes.

Talvez por ter perdido, aos 19 anos, o dedo mínimo da mão esquerda Lula se sente à vontade para brincar com outros "cumpanheros" portadores de deficiência física. Tão à vontade que resvala num outro tipo de deficiência: a falta de noção.

"Muita gente ficará de 'cabeça em pé' ao saber que o desempenho dos alunos do Prouni é melhor do que o dos demais estudantes."

16/11/2005, em discurso na abertura da 3ª Conferência Nacional de Ciência, Tecnologia e Inovação, em Brasília (DF).

Mais uma vez, o presidente tem razão. Às vezes, diante do noticiário, ficar "de cabelo em pé" é pouco. Brasília é de pirar o cabeção.

"Quando Napoleão foi à China, ele cunhou uma frase que ficou famosa. Ele disse: 'A China é um gigante adormecido que o dia que acordar, o mundo vai tremer'."

30/4/2003, na abertura do seminário Brasil-China: um salto necessário.

Duas correções: 1. "Gigante... deitado eternamente em berço esplêndido", são versos do hino de que país mesmo, hein, presida?; 2. Napoleão nunca pôs os pés na China.

"Por muitos anos o Brasil não pôde conversar com a Líbia porque os americanos não gostavam dos libaneses."

10/12/2003, comentando sua viagem à Líbia para encontrar-se com Muamar Kadafi.

Os libaneses nascem no Líbano; não na Líbia. Aposto que Lula sabe disso. Mas sem a troca, a frase teria ainda menos sentido ou interesse.

"'Inclusão digital' é a palavra mais sexy do meu governo."

26/6/2009, na abertura do Fórum Internacional de Software Livre, em Porto Alegre, tentando seduzir a plateia de desenvolvedores de software.

Todo mundo, até o presidente, sabe que "inclusão digital" não é uma, mas duas palavras. Legal é Lula Ser Humano valorizar o sexo diante de uma plateia de meganerds.

"Daqui a dois ou três anos possivelmente não estaremos aqui... Nem será o Tony Blair que estará convidando, será outra pessoa."

15/7/2003, durante reunião de chefes de Estado, na Inglaterra, onde o regime é parlamentarista e o mandato do primeiro-ministro Tony Blair não tinha prazo para terminar.

Lula chutou mal, mas acertou o gol. A frase torta virou realidade: algum tempo depois, o inglês Tony Blair renunciou ao cargo de primeiro-ministro. Premonição ou praga?

"Política é olho no olho. Como se diz no Brasil, é no *tête-à-tête*."

20/4/2008, em visita a Gana, na África.

Quando viaja, o presidente faz questão de esbanjar seu conhecimento em línguas... faladas no Brasil. O abacaxi fica sempre para o intérprete, que tem que explicar na tradução simultânea como *tête-à-tête* virou, na boca do presidente, uma expressão brasileira.

"Há males que vêm para o bem."

24/9/2003, agradecendo o presidente da Rússia pelo apoio às investigações do acidente na Base Espacial de Alcântara, quando morreram 21 engenheiros e técnicos brasileiros. Era a terceira tentativa frustrada de lançar um foguete totalmente nacional ao espaço.

A frase é clássica. A ocasião, péssima!

"Deus pôs os pés no Brasil e falou: 'Olha, aqui vai ter tudo. Agora, é só homens e mulheres terem juízo que as coisas vão dar certo'."

10/2/2004, na abertura da Expo Fome Zero, em Brasília (DF).

Brasileiros com juízo? Melhor não pedir mais essa para Deus; Ele anda muito ocupado.

"Um brinde à felicidade do presidente Al Assad."

3/12/2003, durante sua primeira viagem ao Oriente Médio, levantando um brinde em direção ao presidente da Síria.

Ops... muçulmanos não ingerem bebidas alcoólicas! A sorte de Lula é que o presidente Al Assad, ex-coronel do exército Sírio, é elegante. Mesmo "pê da vida" por dentro, apenas recusou o brinde permanecendo gelado por fora.

“Temos o sonho de fazer com que o Mercosul possa representar, da Terra do Fogo à Patagônia, todos os países latino-americanos.”

30/10/2006, no entusiasmo da notícia da sua reeleição.

Novamente, o presidente acerta ao errar redondamente! A Terra do Fogo, região inabitada do Cone Sul, fica exatamente na... Patagônia. Portanto, o presidente disse literalmente que o Mercosul liga o nada a lugar algum. Acertou na mosca!

“Estou pronto para a briga. Também vou entrar no tapume.”

27/9/2005, se exalta e troca “tatame” por “tapume”, ao receber judocas brasileiros vitoriosos que participaram do Mundial de Judô, no Cairo, Egito.

Para sair bem na foto, Lula topa tudo. Até dar de cara no tapume.

“O objetivo (desta competição) é conquistar vagas para os jogos paraolímpicos de Antenas (*sic*). Quem acha que vai ganhar? Levante a mão aí para eu ver.”

2/12/2003, a uma plateia de paraplégicos, onde nem todos tinham braços.

O presidente tem antenas que nem sempre captam o espírito da coisa.

"Falar de doença mental não deve ser difícil para ninguém... A dura realidade é que todos temos um pouco de louco dentro de nós. Quem não acreditar, é só fazer uma retrospectiva do seu comportamento pessoal nos últimos dez anos."

1º/10/2003, ao assinar o Estatuto do Idoso perante uma delegação de idosos.

Qual a maior loucura do Lula Ser Humano nos últimos dez anos: colocar Zé Dirceu de superministro ou virar aliado de Zé Sarney?

"Eu não tenho medo de altura porque já fui alpinista."

15/12/2004, em Cuzco, na Cúpula do Peru, comentando a altitude da região.

Impossível negar essa habilidade alegada pelo presidente. Afinal, o cara saiu de Garanhuns num pau-de-arara e chegou aos 3.400 metros acima do mar de Cuzco como presidente do Brasil. Não é tarefa para qualquer alpinista, não!

"A única frustração que eu tenho é que os ricos não estejam votando em mim. Porque eles ganharam dinheiro como ninguém no meu governo."

9/10/2006, às vésperas do primeiro turno das eleições.

Eis o mistério do poder: o presidente se frustra e vence as eleições; os ricos ficam mais ricos e os pobres naquela mesma vidinha de sempre.

"Gente branca, loira, de olhos azuis."

26/3/2009, apontando quem eram os culpados pela crise econômica mundial, ao lado do primeiro-ministro britânico Gordon Brown, que o visitava em Brasília.

Os olhos azuis e os cabelos grisalho-alourados do premiê da Inglaterra se contraíram. Os jornais da rainha não perdoaram: "Lula faz tirada bizarra".

Lula

Técnico de Futebol

"É um protesto de quem perdeu. Por enquanto, apenas uma coisa entre flamenguistas e vascaínos."

16/6/2009, na saída da reunião da ONU, em Genebra, diante da notícia dos protestos contra fraude nas eleições no Irã. Lula insinua apoio a Ahmadinejad.

Em duas frases, Lula desagradou a todas as torcidas. Poucas horas depois, nas ruas de Teerã já se via repressão, censura e assassinatos. O aiatolá linha-dura Ahmad Khatami chegou a pedir a execução sumária de todos os manifestantes. Quem perdeu foi o presidente brasileiro: uma ótima oportunidade para ficar calado.

O segundo esporte preferido de Lula é o futebol. O primeiro, evidentemente, é o discurso. O que indica claramente sua vocação inevitável: técnico de futebol.

Como boleiro, o estilo do presidente pode ser definido entre esforçado e rudimentar. Iniciou carreira aos 11 anos, na "meia-direita", nos campinhos de várzea da Vila Carioca, periferia de São Paulo. Baixinho e invocado, compensava as deficiências técnicas com caneladas pontiagudas.

Mais tarde, mudou radicalmente de posição para a extrema-esquerda. O estilão era o mesmo. Os adversários, assim como a bola, continuaram sendo castigados sem dó pelo bico da chuteira presidencial. Da mesma forma que a língua implacável dele açoita os microfones.

"A gente já entra em campo com o cartão amarelo, com medo, ameaçado de ser expulso."

Julho de 2006, reclamando das regras rígidas estabelecidas pelo TSE para a campanha eleitoral daquele ano.

Como técnico experiente, Lula sabe que reclamar do juiz é parte da catimba para buscar a vitória.

"Igual ao Felipão, apresentarei a seleção com seus titulares. Nenhum jornal, rádio ou canal de televisão vai fazer ministro."

30/10/2002, recém-eleito, sobre a independência de seu futuro governo.

O técnico Lula cumpriu a promessa. A mídia não interferiu na escalação do time. Esse papel ficou com os cartolas da chamada "banda podre" do PMDB, agraciada com ministérios e carguinhos no governo.

"Estou mais ou menos como Felipão. Ele já tinha um time na cabeça e, chegou na hora, o botou para jogar e foi pentacampeão."

6/11/2002, em entrevista ao Jornal Nacional, da TV Globo.

A obsessão por Felipão não ajudou muito o técnico Lula. Muitos dos escalados por ele não chegaram a beijar a taça, outros nem mesmo ao final do campeonato. Saíram de campo vaiados e expulsos por jogadas sujas.

"Eu sei que ele está magro. Mas vira e mexe a gente lê na imprensa que ele está gordo... Afinal, ele está gordo ou não está gordo?"

8/6/2006, conversando com o técnico Parreira, por meio de videoconferência, sobre a pança de Ronaldo Fenômeno.

Ronaldo não gostou de virar tema da conversa via satélite. Soltou uma bomba de bate-pronto: "A gente também lê na imprensa que ele (o presidente Lula) bebe pra caramba. Tanto é mentira que eu sou gordo como deve ser mentira que ele bebe pra caramba".

“Em time que está ganhando não se mexe. No meu, só sai por contusão.”

29/9/2004, descartando reforma ministerial diante das primeiras denúncias que culminaram com o escândalo do Mensalão.

Muitos “atletas” do presidente deixaram o gramado, não por contusão, mas por outros motivos.

Benedita da Silva, ministra da Assistência e Promoção Social: levou cartão vermelho ao ser flagrada com uma caravana de assessores em viagem **supostamente** de lazer à Argentina, com direito a hospedagem em luxuoso hotel cinco estrelas com dinheiro público.

Romero Jucá, ministro da Previdência: entregou a “camisa” após acusação de envolvimento com **supostas** irregularidades na aplicação de recursos do Banco da Amazônia.

Anderson Adauto, ministro dos Transportes: perdeu a vaga devido a um engavetamento de denúncias. Entre elas, uma **suposta** corrupção na pacata cidade de Iturama, interior de Minas Gerais.

Walfrido Mares Guia, ministro das Relações Institucionais: foi sacado do time por conta do **suposto** Mensalão Mineiro, considerado o embrião do Mensalão petista.

Luiz Gushiken, titular da poderosa Secom – Secretaria de Comunicação e Gestão Estratégica: caiu para a segunda divisão por **suposto** envolvimento com Marcos Valério, o **suposto** "operador do Mensalão". De superministro virou gandula no Palácio do Planalto.

José Dirceu, ministro chefe da Casa Civil: a estrela do time, cérebro do **suposto** Mensalão. Retirado de campo depois da catimba do adversário Roberto Jefferson: "Sai daí, Zé, senão vai fazer réu um homem inocente que é o presidente Lula. Sai Zé, rápido!". Ambos, Dirceu e seu acusador, foram cassados por quebra de decoro parlamentar pela Comissão de Ética da Câmara dos Deputados.

Antonio Palocci, ministro da Fazenda: último "craque" a ir para o chuveiro. Substituído por **suposta** quebra de sigilo bancário de Francenildo Santos Costa, caseiro de uma mansão luxuosa em Brasília. No imóvel, o caseiro diz que viu, "umas 20 vezes", o ministro Palocci e sua turminha da "República de Ribeirão Preto" promovendo **supostas** fuzarcas e negociatas com **supostos** lobistas e **supostas** garotas de programa.

A propósito: durante o governo Lula, as palavras **suposto** e **suposta** foram usadas como "nunca antes na história deste país".

"Eu gostaria que todo jogador estivesse no Corinthians, mas, como o Corinthians paga pouco, eles vão embora para o Milan... Precisamos garantir que nossos pesquisadores possam ser reconhecidos aqui dentro. Porque, senão, o Barcelona vai contratar alguns."

13/3/2007, no lançamento do programa Espaço e Sociedade, em São José dos Campos (SP), comparando a ida de cientistas brasileiros para o exterior à fuga dos craques de futebol para a Europa.

Apesar do blá-blá-blá, que se repete ao longo da História, o Brasil sempre foi e continua sendo um exportador de matéria-prima. Temos o melhor futebol do mundo, só que em vez de exportar os direitos de transmissão dos jogos pela TV, por exemplo, como fazem os europeus, exportamos a matéria-prima: os jogadores.

O nome do nosso país vem justamente da primeira matéria-prima encontrada, arrancada e exportada daqui a preço de banana: o pau-brasil!

"Tenho um filho que é fanático pelo Corinthians e agora, para meu azar, virou estagiário do São Paulo."

7/2/2007, durante a premiação dos melhores jogadores do Campeonato Brasileiro.

Azar do presidente e constrangimento total do filho dele. Imagina o ambiente de trabalho do cara, depois de papai entregar, diante da mídia nacional, que o novo funcionário do tricolor é fanático pelo Timão.

"Eu, se fosse ele, com as duas lesões que teve, iria gastar um pouco do dinheiro que ganhei."

18/12/2008, diante da notícia da ida do atacante Ronaldo Fenômeno para o Corinthians.

Lula deve ter se arrependido amargamente desta frase: como corintiano e como alguém que é exemplo de superação para os brasileiros. Sem seguir o "conselho" do presidente, Ronaldo batalhou, fez muitos gols, conquistou campeonatos... E até emagreceu!

"Estou, como um jogador de bola, esperando para entrar em campo na final da Copa."

23/10/2002, a uma semana da primeira vitória na eleição para presidente da República.

Depois de três derrotas consecutivas em "Finais de Copa" – eleições presidenciais de 1989, 1994 e 1998 –, Lula entrou em campo e levou a taça por duas vezes: em 2002 e 2006.

"FINAIS DE COPA" DISPUTADAS POR LULA

1989	46,96%	CONTRA COLLOR
1994	27,04%	CONTRA FHC
1998	31,71%	CONTRA FHC
2002	61,3%	CONTRA SERRA
2006	60,8%	CONTRA ALCKMIN

(*) Votação de Lula em eleições presidenciais.

"Vocês já me viram pessimista algum dia? Nem o Corinthians me deixa pessimista."

24/11/2004, ao chegar para o almoço com a bancada de deputados do PMDB.

Corintianos não são pessimistas porque vivem num eterno sobe e desce. Foram às nuvens com a conquista do Brasileirão 2005 para desabar em seguida, em 2007, com o rebaixamento para a segunda divisão. Logo voltaram à estratosfera com a contratação de Ronaldo, que trouxe novos títulos. Mas depois vieram novas contusões e novas crises... Corintiano autêntico, Lula está acostumado a viver, entre a euforia e a depressão, numa montanha-russa de emoções.

"Vemos corintianos voltando a ter orgulho de serem corintianos. Acho que vocês voltaram a ter orgulho daquilo que se propuseram a fazer."

10/6/2008, falando a empresários, eufórico com o anúncio do crescimento do PIB em 2008.

Se o sindicalista Luiz Inácio era o terror dos empresários, o presidente Lula virou amigão das "elite". O técnico-presidente sempre carrega no bolso do colete uma tirada filosófico-esportiva para agradar aos tubarões que fazem mexer os ponteirinhos do PIB.

"Isso é triste, mas é alegre também. Se o Corinthians for rebaixado é triste, mas é bom, porque significa que o futebol brasileiro age com seriedade. O Corinthians está colhendo o que plantou. Não plantou nada, não vai conquistar nada."

29/11/2007, após a derrota do Corinthians para o Vasco, a caminho do rebaixamento no último jogo, contra o Grêmio, em Porto Alegre (RS).

O Corinthians é como o Brasil: vive em meio a escândalos e mau gerenciamento. De vez em quando, com a ajuda da torcida, de Deus ou do sobrenatural, mesmo sem cuidar bem do plantio, consegue colheitas milagrosas.

"Não tenho 'plano B' (para a CPMF). O Corinthians tinha 'plano B' e caiu."

5/12/2007, blefando, no lançamento do PAC da saúde, sobre a não aprovação da CPMF.

Pura catimba. O presidente Lula e sua equipe econômica tinham um 'plano B'. Graças a ele, a carga tributária bateu recorde no ano seguinte chegando a 35,8% do PIB! Com o fim da CPMF, passamos a pagar impostos como "nunca antes na história deste país".

"Minc, sabe como eu me sinto? Como na Copa de 62, quando o Pelé foi tirado de campo... Entrou Amarildo e fez dois gols. Faz de conta que você está entrando no lugar de Pelé."

27/5/2008, na posse do ministro Carlos Minc, comparando a ex-ministra do Meio Ambiente, Marina Silva, a Pelé; e Minc, a Amarildo.

No discurso, parecia que o jogo estava ganho. Na prática, com o crescente descaso com o meio ambiente, se comprovou que nem Marina Silva era um Pelé nem Carlos Minc, uma Brastemp.

"No Brasil, quando a equipe ganha é porque os jogadores são bons, mas quando perde é porque o treinador não serve. Tem que esperar que o treinador termine o seu trabalho."

8/9/2008, após o jogo Brasil 3 X 0 Chile, que interrompeu uma série de resultados medíocres com Dunga como técnico da Seleção.

Lula tem instinto de artilheiro, reflexos rápidos... O presidente, que antes criticava Dunga, muda radicalmente de posição e passa a apoiar o treinador. Talvez apostando que, no futuro, ele próprio possa contar com a mesma boa vontade da torcida brasileira.

"Imagine se um de vocês fosse médico e atendesse um paciente doente. O que você falaria para ele? 'Vamos dar tal remédio e você vai se recuperar', ou você diria: 'Meu, sifu'?"

4/12/2008, durante o lançamento do Fundo Setorial do Audiovisual, no Rio de Janeiro, após anúncio de demissões em massa na Vale.

Não podemos acusar o técnico Lula de usar meias palavras. O cara sabe passar uma mensagem urgente ao time com a delicadeza de um quarto-zagueiro do Bangu.

"Quando as pessoas vêm para o hospital e morrem na mão do Jatene, mesmo que ele tenha feito um erro, todo mundo morre satisfeito, morreu na mão do melhor. Isso é como o Zico perder um pênalti, ninguém vai dizer que ele é grosso, ele errou."

29/6/2006, elogiando o cardiologista Adib Jatene.

É, mas quando o Zico perdeu aquele pênalti na Copa de 1986, a Seleção Brasileira de futebol "sifu" bonito.

"A disputa nesse mercado (agricultura e pecuária) é pior que São Paulo e Corinthians... 'Nêgo' pisa na canela mesmo. Mas o que nós temos que ter é, primeiro, qualidade; segundo, profissionais para defender o Brasil em todas as frentes."

26/4/2005, em Brasília (DF), sobre a competitividade internacional da agricultura e pecuária.

Entre os fazendeiros e o governo Lula sobraram muitas caneladas. O ministro Carlos Minc chegou a definir os agricultores como "canalhas"!

“Parte desta crise é a crise da desconfiança. Se o Cassius Clay tivesse medo de cara feia nunca teria nocauteado o Joe Frazier... Me considero o Cassius Clay dessa crise.”

2/3/2009, durante encontro do G20, em Londres, Inglaterra.

Se crise econômica se resolvesse com macheza e cara feia, por que não colocar o Maguila no Ministério da Economia?

Lula Turista

"Ser presidente é difícil, mas é gostoso. Porque oferece a oportunidade de viajar bastante."

Outubro de 2003, Buenos Aires, em momento de sinceridade máxima com crianças argentinas.

A primeira viagem na vida de Lula aconteceu quando o moleque, nascido em Garanhuns, interior de Pernambuco, tinha sete anos de idade. Parece tarde, mas a vida da família Silva no sertão nordestino não era doce como rapadura.

Até os cinco anos, Luiz Inácio não tinha ouvido rádio, calçado sapatos ou sequer visto uma bicicleta. Aos sete, numa peraltice sem tamanho, o futuro presidente articulou com Jaime, o irmãozinho mais velho, uma mentira cabeluda para realizar seu maior sonho: viajar!

Jaime redigiu uma carta falsa endereçada à própria mãe, dona Lindú, como se fosse o pai, seu Aristides, que estava em São Paulo. Em poucas linhas, pedia que a família toda fosse ao encontro dele na capital paulista. O plano foi facilitado, é claro, pelo fato de Lindú e Aristides serem analfabetos. A carta é lida e dona Lindú atende sem pestanejar ao "chamado" do marido. Vende o relógio, o jumento, o pequeno sítio... junta a filharada e encara 13 dias num caminhão pau-de-arara em direção ao Sul maravilha.

Detalhe: ninguém desconfiava, mas Aristides já vivia com outra mulher, prima de Lindú, com quem teria 12 filhos. Mas aí já é outra história. O que importa é notar que esta primeira viagem, de 2.389 quilômetros, entre Garanhuns e São Paulo, abriu o apetite pela estrada do pequeno Luiz Inácio. Na vida adulta, ele se tornaria o presidente que mais viajou na história do Brasil. Incluindo aí as viagens na maionese.

"Senhoras e senhores, atenção. Daqui a pouco nós estaremos chegando. O problema é que ninguém sabe exatamente aonde."

Janeiro de 2004, em algum lugar nos céus da Europa.

A frase mostra a excitação do presidente com um novo brinquedinho. O nome oficial da aeronave é Santos Dumont, mas tornou-se popularmente conhecida como AeroLula. Línguas ferinas preferiram ainda outro apelido para o bólido aéreo presidencial: Air Force 51.

No primeiro mandato, o ex-metalúrgico acumulou milhas suficientes para dar 18 voltas em torno da Terra. Ano após ano, o comandante Luiz Inácio detonava o recorde de seus antecessores. Confira ao lado a escalada turística do presidente: número de dias, a cada ano, fora do Brasil.

2008: 75
2007: 61
2006: 34
2005: 52
2004: 40
2003: 67

"Estou com cara de rei?"

20/4/2008, África, em visita a Gana, sorrindo para os fotógrafos, com roupas típicas de chefe de tribo.

Sim, sem dúvida, Lula é rei na África! Disparado, foi o presidente brasileiro que mais esteve por lá.

FHC, por exemplo, em oito anos de governo, só pôs os pés na África durante 13 dias. Lula, dois anos antes de terminar o segundo mandato, já havia ultrapassado a marca de 40 dias no continente negro. Liderou a comitiva presidencial num zigue-zague infernal por nada menos que 19 países diferentes. O que talvez justifique as gafes cometidas pelo nosso afro-nordestino presidente durante o périplo africano.

"Quem chega a Windhoek não parece que está na África. Poucas cidades no mundo são tão limpas, tão bonitas e têm um povo tão extraordinário como tem esta cidade."

6/11/2003, África, tentando agradar aos habitantes de Windhoek, capital da Namíbia.

Em 1485, pouco antes de descobrir o Brasil, os portugueses chegaram à Namíbia. Depois, no século XIX, foi a vez de os alemães aportarem por lá. Finalmente, em 2003, chegou o presidente Lula, que, neste discurso na cidade de Windhoek, quase inicia uma guerra com o restante do continente africano!

"O Atlântico é apenas um rio caudaloso, de praias de areias brancas, que une os dois países."

27/7/2004, Libreville, capital do Gabão. Presidente Lula, do lado africano do "rio caudaloso", poetiza a geografia em nome da aproximação entre Brasil e Gabão.

"Homens e mulheres da Bolívia!"

13/11/2006, Venezuela, dirigindo-se ao povo venezuelano, relembrando o ex-presidente norte-americano Ronald Reagan, que brindou ao "povo boliviano", quando esteve no Brasil, em 1982.

“Parece Garanhuns. Só faltam mil anos de história.”

14/9/2007, comparando Toledo, cidade histórica da Espanha, com Garanhuns (PE), cidade onde nasceu.

Mil anos significam quantos mandatos presidenciais?

“É a maior geladeira que já vi na vida.”

17/2/2008, em visita ao Polo Sul, na Antártida.

Turista experiente, Lula também aprecia viagens de aventura. Esteve na Antártida e também no Haiti, onde em vez de geladeira, encontrou um caldeirão pegando fogo.

“Conheço o Panamá só de dormir.”

17/5/2003, Brasília, durante cerimônia de entrega de credenciais diplomáticas ao embaixador do Panamá, no Palácio do Planalto.

Forma “diplomática” de Lula explicar ao embaixador do Panamá que, nas viagens a Cuba, usa o país dele como dormitório.

“Se pudesse, eu viajava com uma picanha pendurada no pescoço.”

3/5/2007, discursando numa exposição de gado em Uberaba (MG), mostrando disposição para promover a carne brasileira no exterior.

Quando o assunto é caixeiro-viajante, Lula pode mesmo “se achar”.

Em comparação com outros presidentes da República, está na *pole-position* do turismo de negócios. A 20 meses do término do seu segundo mandato, o ex-metalúrgico já superava o recorde do sociólogo FHC, seu antecessor, que ficou conhecido pela alcunha de “Viajando” Henrique Cardoso.

NÚMERO DE VIAGENS/ANO

Porcentagem do mandato no exterior.

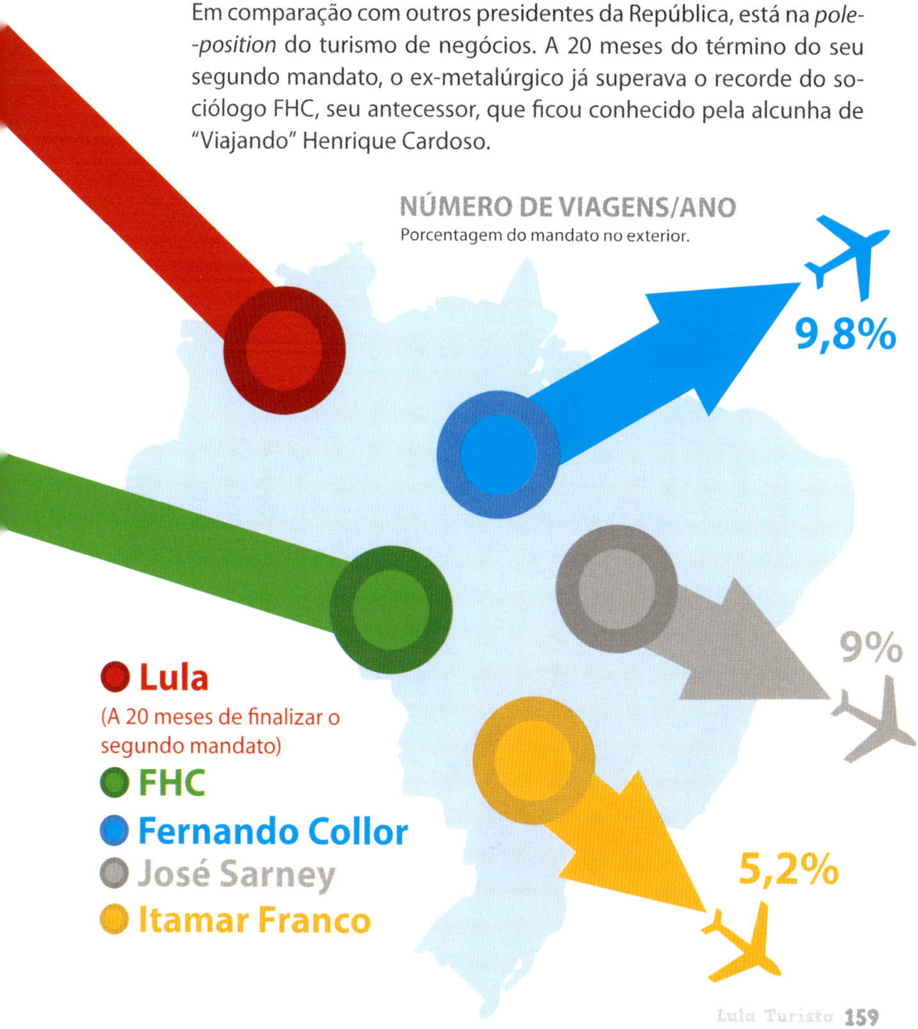

"Daqui a alguns dias vou encontrar o meu amigo Bush e vou dizer a ele: 'Bush, resolve aí o problema da crise, porque não vamos deixá-la atravessar o Atlântico e chegar ao Brasil'."

17/9/2007, em entrevista em Madri, quando o presidente ainda desprezava a crise econômica mundial, definida por ele como uma "marolinha".

Tem razão o presidente. A crise não "atravessou" o Atlântico. Veio a pé mesmo, devagarinho, pelo Canal do Panamá. Demorou um pouco, mas chegou!

"Cumpanheiro" leitor,
não vou parar de falar
tão cedo. Continue o livro
anotando minhas próximas
frases aqui. Obrigado!

Referências bibliográficas

Livros

PARANÁ, Denise. *Lula, o filho do Brasil*. São Paulo: Perseu Abramo, 2003.

Jornais

Correio Braziliense, Correio da Tarde, Folha de S. Paulo, Jornal da Tarde, O Estado de S. Paulo, O Globo.

Revistas

Brasileiros, Carta Capital, Época, Exame, IstoÉ, Piauí, The Economist, Veja.

Entrevistas

Agência Radiobras, *Entreatos* (documentário de João Moreira Salles), Rede Globo, TV Cultura, TV Senado.

O autor

© Caio Guatelli

Marcelo Tas é diretor, apresentador e roteirista de TV. Participou da criação de alguns programas inovadores na televisão brasileira, entre eles as séries Rá-Tim-Bum, da TV Cultura de São Paulo; e Programa Legal e Telecurso, da Rede Globo. É membro fundador da Olhar Eletrônico, produtora pioneira na renovação da linguagem televisiva dos anos 1980, onde interpretou o repórter ficcional Ernesto Varela, personagem criado em parceria com Fernando Meirelles. Hoje é autor de um dos blogs mais premiados do país, o Blog do Tas, e âncora do programa CQC – Custe o Que Custar, show ao vivo que mistura humor e jornalismo na TV Bandeirantes.

O ilustrador

Ricardo Gimenes é ilustrador, designer e *globe trotter*. Já viveu em Tóquio, no Japão (1999-2004), entre samurais e ninjas, liderando guerreiros do design gráfico. Depois, trabalhou com livros e animação na Alemanha e na Inglaterra. Incansável viajante, levou seu laptop para a Itália, onde desenvolveu trabalhos na área de identidade visual. Em 2009, Gimenes resolveu voltar ao Brasil e fixar uma base secreta em Bragança Paulista, interior de São Paulo, para poder continuar viajando, agora sem sair de casa. Sua primeira missão na terra natal foi elaborar o projeto gráfico e as ilustrações deste livro.

RR DONNELLEY

IMPRESSÃO E ACABAMENTO
Av Tucunaré 299 - Tamboré
Cep. 06460.020 - Barueri - SP - Brasil
Tel.: (55-11) 2148 3500 (55-21) 3906 2300
Fax: (55-11) 2148 3701 (55-21) 3906 2324

IMPRESSO EM SISTEMA CTP